Arnis Vilks

Im Griff der unsichtbaren Hand

Mythos, Mathematik und Macher der Märkte

Meiner

Bibliografische Information der Deutschen Nationalbibliothek

Die Deutsche Nationalbibliothek verzeichnet diese Publikation in der Deutschen Nationalbibliografie; detaillierte bibliografische Daten sind im Internet über ⟨https://portal.dnb.de⟩ abrufbar.

ISBN 978-3-7873-5008-7
eBook (PDF) 978-3-7873-5009-4

Kontaktadresse nach EU-Produktsicherheitsverordnung:
Felix Meiner Verlag GmbH, Richardstraße 47, 22081 Hamburg
info@meiner.de

Satz: satz&sonders, Dülmen. Druck: Stückle, Ettenheim. Gedruckt auf alterungsbeständigem Werkdruckpapier. Printed in Germany

Inhalt

Vorwort 9

1. Einleitung: Die allmähliche Verbreitung von Überzeugungen 11

2. Adam Smith: Der schottische Philosoph und seine Metapher 16

3. Ökonomie als Wissenschaft: Cournot und Walras 22

4. Vilfredo Pareto: Effizienz als gesellschaftliches Optimum 28

5. Die Chicago School: Knight, Stigler und Friedman 33

6. Ein alternatives Forschungsprogramm? Keynes und der Keynesianismus 42

7. Axiomatisierung eines Modells: Arrow und Debreu 49

8. Marktkräfte im Zeitablauf: Hahn, Hurwicz und Scarf 59

9. Gleichgewicht im Zeitablauf: Samuelson, Shell und Gale . 65

10. Ein konkurrierendes Forschungsprogramm: von Neumann, Morgenstern und Nash 71

11. Liberalismus versus Pareto: Amartya Sen 78

12. Monopole, Wettbewerb, Staat und Macht 80

13. Academic Scribblers: Hayek und die Mont Pèlerin Society 85

14. Mad(wo)men in Authority: Von Thatcher und Reagan bis Trump und Milei 92

15. Im Griff der unsichtbaren Hand 99

16. Das Kapital im 21. Jahrhundert 104

17. Vermögenskonzentration: Zufall und Zwangsläufigkeit .. 115

18. Epilog 123

Anmerkungen 129

Zeittafel 139

Literaturverzeichnis 141

Sach- und Personenregister 153

It is often difficult enough for the expert,
and certainly in many instances impossible for the layman,
to distinguish between legitimate and illegitimate claims
advanced in the name of science.

Friedrich Hayek, Nobel Lecture 1974

… the reason that the hand may be invisible
is that it is simply not there – or at least that
if it is there, it is palsied.

Joseph Stiglitz, Nobel Lecture 2001

Vorwort

Als ich in den 1970er Jahren mit dem Studium der Volkswirtschaftslehre begann, war die Auseinandersetzung zwischen Keynesianern und Monetaristen in vollem Gange. Die politische Färbung der wissenschaftlichen Positionen war unverkennbar und trübte allzu oft die Überzeugungskraft der Argumente, deren Logik ohnehin oft für den kritischen Studenten erkennbare Lücken aufwies. Gerard Debreus axiomatische Gleichgewichtstheorie kennenzulernen, kam für mich dann einer Offenbarung gleich – hier gab es kaum Lücken in der Logik, und wo es sie gab, wurde man auf sie hingewiesen. Debreu war freilich anspruchsvoll, man musste eine ordentliche Dosis Mathematik lernen, um seine Theorie gut verstehen zu können. Nicht alle Ökonomie-Professoren waren damals mit der nötigen Mathematik vertraut, aber oberflächliche Bezüge zur mathematischen Wirtschaftstheorie wurden dennoch häufig gern hergestellt.

Dass in den 1980er Jahren die »Effizienz der Marktwirtschaft« beschworen wurde, um Reformen à la Thatcher und Reagan zu motivieren, war offenkundig mehr als eine Oberflächlichkeit, aber die Erfolge der Privatwirtschaft in China und dann der Niedergang und die Auflösung des Sozialismus sowjetischen Stils in den 1990ern schien zu bestätigen, dass Wohlstand und Demokratie mit Freiheit und Wettbewerb eine Einheit bilden.

Seit den 2000ern jedoch wurde zunehmend offenkundig, dass zwei globale Probleme durch die sich selbst überlassenen Märkte nicht gelöst, sondern im Gegenteil verschärft werden: Zum einen der Klimawandel, der im Wesentlichen aus den Treibhausgasen resultiert, und zum anderen die zunehmende Konzentration von Vermögen und damit einhergehender Macht in den Händen weniger.

Da beide Probleme Wohlstand und Demokratie bedrohen, Wirtschaftstheorie seit langem aufzuklären vermag, dass beide durch »mehr Markt« nicht zu lösen sind, und dennoch die »neoliberale« Ideologie nach wie vor mehr Markt und weniger Staat predigt, entstand der Plan zu vorliegendem Büchlein. Er wäre aber vermutlich kaum rechtzeitig zum 250. Jahrestag von Adam Smiths Formel von der »unsichtbaren Hand« des Marktes realisiert worden, hätte ich nicht von Wolfgang Detel, bei dem ich vor vielen Jahren Wissenschaftstheorie studiert hatte, erfahren, dass er an einem ganz ähnlichen Essay arbeitet. Eine Zeit lang hegten wir die Absicht, unsere Pläne in einem gemeinsam verfassten Buch umzusetzen, aber Wissenschaftler stoßen allzu oft auf Meinungsverschiedenheiten, die sich allenfalls durch viel Zeit raubende Diskussionen ausräumen lassen, und so erscheinen jetzt fast zeitgleich im Meiner-Verlag das vorliegende Buch und ein in vielerlei Hinsicht dazu komplementäres von Wolfgang Detel, das weniger »theoretisch«, dafür aber stärker »politisch« ausgerichtet ist.[1] Es sei dem Leser – je nach Neigung – als Ergänzung oder Alternative zum vorliegenden Text wärmstens empfohlen.

1. Einleitung
Die allmähliche Verbreitung von Überzeugungen

Vor 250 Jahren erschien Adam Smith' *Wealth of Nations*, ein Buch, das als »der erste große Klassiker der Wirtschaftstheorie« bezeichnet worden ist.[2] Während Schumpeter in seiner monumentalen *History of Economic Analysis* kritisch feststellt, dass

> … the *Wealth of Nations* contained no really novel ideas and … cannot rank with Newton's *Principia* or Darwin's *Origin of Species* as an intellectual achievement,[3]

kann doch kein Zweifel an der historischen Bedeutung des Werkes bestehen. Wie im Falle Newtons und Darwins reicht sie weit über die Fachwissenschaft hinaus. Denn seit dem Erscheinen von Smith' Hauptwerk im Jahr 1776 entstand nicht nur – allmählich – die akademische Disziplin der Volkswirtschaftslehre, sondern mit ihr verbreitete sich die Überzeugung, dass Wettbewerb und Märkte die Tendenz haben, die unzähligen individuellen wirtschaftlichen Entscheidungen, die täglich von Männern und Frauen auf der Welt getroffen werden, in ein gewisses Gleichgewicht zu bringen, das die individuell getroffenen Entscheidungen miteinander verträglich macht und für die gesellschaftlich vernünftigste Allokation der Ressourcen sorgt. Es gibt heute kaum ein einführendes Lehrbuch der Volkswirtschaftslehre, das nicht Smith' Formel von der »unsichtbaren Hand« des Marktes erläutern würde, die zum Ausdruck bringen soll, dass individuelle Entscheidungen, die nur durch das Eigeninteresse der jeweiligen Individuen motiviert sind, sich letztlich als förderlich für die Gesellschaft erweisen. Nicht wenige Lehrbücher erläutern diese Formel nicht nur, sondern stellen sie dem Studenten der Wirtschaftswissenschaft als grundlegende Einsicht in die Funktionsweise einer Marktwirtschaft und in die gesellschaftlich segensreichen Auswirkungen individuellen Nutzen- und Gewinnstrebens dar. Nur exemplarisch sei hier aus der 10. Auflage eines Lehrbuchs für »Management Economics and Business Strategy« zitiert:

> Smith is saying that by pursuing its self-interest – the goal of maximizing profits – a firm ultimately meets the needs of society… By moving scarce resources toward the production of goods most valued by society, the total welfare of society is improved. As Adam Smith first noted, this phenomenon is due not to benevolence on the part of the firms' managers but to the self-interested goal of maximizing the firms' profits.[4]

Ob nun Einsicht oder nicht, die Überzeugung, dass Wettbewerb auf freien Märkten individuelles Gewinnstreben und eigennützig verfolgte Ziele der Unternehmen und Haushalte in eine gesellschaftlich wünschenswerte Allokation der vorhandenen und produzierten Ressourcen überführt, ist hinreichend wirkmächtig geworden, so dass es sich lohnt, ihre Entstehungs- und Wirkungsgeschichte einer einigermaßen detaillierten Analyse zu unterziehen.

In gewisser Weise werden wir dabei eine ganz andersartige Überzeugung eines anderen bedeutenden Ökonomen bestätigt finden. John Maynard Keynes, zweifellos einer der einflussreichsten Ökonomen des 20. Jahrhunderts, schrieb am Ende seiner *General Theory of Employment, Interest and Money* die folgenden, höchst bemerkenswerten Sätze:

> … the ideas of economists and political philosophers, both when they are right and when they are wrong, are more powerful than is commonly understood. Indeed the world is ruled by little else. Practical men, who believe themselves to be quite exempt from any intellectual influences, are usually the slaves of some defunct economist. Madmen in authority, who hear voices in the air, are distilling their frenzy from some academic scribbler of a few years back. I am sure that the power of vested interests is vastly exaggerated compared with the gradual encroachment of ideas. Not, indeed, immediately, but after a certain interval; for in the field of economic and political philosophy there are not many who are influenced by new theories after they are twenty-five or thirty

> years of age, so that the ideas which civil servants and politicians and even agitators apply to current events are not likely to be the newest.[5]

Bezieht man Keynes' Darstellung auf die Idee der »unsichtbaren Hand«, wird man allerdings feststellen müssen, dass Keynes die Zusammenhänge jedenfalls verkürzt: Ökonomen, die richtige Überzeugungen verbreiten, wird man kaum als »academic scribbler« bezeichnen wollen, und ebenso wenig Politiker, die sich von richtigen ökonomischen Überzeugungen leiten lassen, als »madmen«. Verkürzt ist Keynes' Darstellung aber auch in einer anderen Hinsicht. Sind »academic scribbler« diejenigen Ökonomen, die wirtschaftswissenschaftliche Überzeugungen vereinfachend für ein breites, wissenschaftlich nicht sehr geschultes Publikum darstellen, so werden sie gewöhnlich auf Resultate gewissenhafter und umsichtiger Forschung zurückgreifen, die mit all ihren Voraussetzungen, Methoden und methodischen Limitationen nicht leicht zu verstehen sind. Die vereinfachende Darstellung komplizierter Zusammenhänge, die das Geschäft von Beratern und Wissenschaftspublizisten, aber auch von Lehrbuchautoren ist, steht naturgemäß vor der schwierigen Aufgabe, Dinge einfach zu erklären, ohne sie zu einfach erscheinen zu lassen. Heutige Politiker und Beamte, die häufig vor ihrem Berufseinstieg ein wirtschaftswissenschaftliches Studium absolviert haben, ohne sich allzu sehr der Wissenschaft zu widmen, die sich auch später von Beratern und Wissenschaftsjournalisten leiten lassen, werden in der Regel ihrerseits Zusammenhänge vereinfachen oder mitunter auch schlicht missverstehen. Und oft genug sind die Überzeugungen von Wissenschaftlern, und erst recht die von Beratern, Publizisten, Politikern und Beamten, ein Amalgam von aus der Wissenschaft stammenden Aussagen einerseits und aus anderen Quellen gewonnenen Ansichten andererseits.

Hinzu kommt, dass sich selbst innerhalb der akademischen Wirtschaftswissenschaft Spezialgebiete herausgebildet haben, deren Ergebnisse von den Experten auf anderen Spezialgebieten zur Kenntnis genommen und in der eigenen Forschung verwendet werden, ohne in jedem Falle – mit all ihren Voraussetzungen, Methoden und methodischen Limitationen – voll verstanden zu werden. Ebenso wie die heutige Physik einerseits hoch abstrakte, mathematisch anspruchsvolle und teils spekulative Spezialgebiete – etwa in der Teilchenphysik oder der Kosmologie – umfasst und andererseits sehr anwendungsnahe Bereiche, die man ebenso gut den Ingenieurswissenschaften zurechnen könnte, so gibt es auch in der heutigen Wirtschaftswissenschaft nicht sehr leicht zugängliche Spezialgebiete wie die mathematische Wirtschaftstheorie, Spieltheorie oder Ökonometrie einerseits und sehr anwendungsnahe wirtschaftspolitische Analysen andererseits. Die allmähliche Verbreitung ökonomischer Ideen, die Diffusion dessen, was in der mathematischen Wirtschaftstheorie erforscht worden ist, in die Köpfe und Handlungen von Politikern hinein, ist daher ein vielstufiger Prozess, um dessen Erhellung wir uns im Folgenden bemühen wollen.

Dabei wird sich herausstellen, dass die These von der unsichtbaren Hand des Marktes zum »harten Kern« eines ganzen Forschungsprogramms wurde, das die Volkswirtschaftslehre über lange Zeit beschäftigte und etwa seit den 1970er Jahren wieder so etwas wie das »herrschende Paradigma« wurde. Thomas Kuhn[6] und Imre Lakatos[7] haben mit den Begriffen »Paradigma« bzw. »hard core« Aussagen einer Wissenschaft bezeichnet, die über mitunter lange Zeiträume hinweg von den Angehörigen der jeweiligen »scientific community« als mehr oder weniger stillschweigend akzeptierte Grundannahmen behandelt werden, im Lichte derer empirische Befunde systematisiert und Forschungsfragen entwickelt werden, die aber selbst keiner ernsthaften Überprüfung unterworfen werden. Solche Grundannahmen werden den Studierenden durch Lehrbücher oder vorbildliche wissenschaftliche Leistungen schon während des Studiums nahegebracht und ihnen widersprechende Empirie wird als »nur scheinbar« widersprechend in das Weltbild der Wissenschaft eingebaut oder als weniger wichtiger Sonderfall bzw. »Anomalie« – zumindest vorläufig – beiseitegeschoben. Für die Wirtschaftswissenschaft werden wir sehen, dass sich durchaus mit der »unsichtbaren Hand« konkurrierende Forschungsprogramme identifizieren lassen, die nicht nur von kleinen Zirkeln »heterodoxer« Wissenschaftler vertreten werden, dass aber – nicht zuletzt aufgrund der zeitlichen Verzögerung, mit der wissenschaftliche Einsichten außerhalb der

Fachwissenschaft zur Kenntnis genommen werden – weite Teile der wirtschaftlichen Welt nach wie vor »im Griff der unsichtbaren Hand« sind.

Es wird sich herausstellen, dass man einerseits eine relativ schlichte Einsicht als »wahren Kern« der Smith'schen These ansehen kann, dass aber andererseits eine überspitzte Lesart, die eigentlich schon seit geraumer Zeit nicht mehr als wissenschaftlich haltbar gelten kann, politisch höchst wirkungsmächtig wurde. Die politische Strömung, von der hier die Rede ist, wird häufig als »Neoliberalismus« bezeichnet und namentlich mit Margaret Thatcher und Ronald Reagan verbunden, aber sie wirkte weit über »Thatcherismus« und »Reaganomics« hinaus, und die Politik etwa eines Donald Trump oder eines Javier Milei zeigt, dass sie bis heute zu radikalen Maßnahmen zu führen vermag.

2. Adam Smith
Der schottische Philosoph und seine Metapher

Adam Smith (1723–1790) wurde 1751 zum Professor für Logik und Rhetorik an der Universität von Glasgow berufen und wenig später zum Professor für Moralphilosophie. Als solcher genoss er unter seinen Zeitgenossen hohes Ansehen, veröffentliche aber erst 1759, also im Alter von 36, sein erstes Buch, *The Theory of Moral Sentiments*, das von seinen damaligen Lesern gut aufgenommen wurde. Im Lichte der *Wealth of Nations* gelesen, wird es von seinen Bewunderern auch heute noch als bedeutendes Werk der Moralphilosophie angesehen, aber es ist schwer zu beurteilen, ob es außerhalb der Philosophiegeschichte noch Beachtung finden würde, hätte Smith nicht 18 Jahre später die *Inquiry into the Nature and Causes of the Wealth of Nations* veröffentlicht, wie er sein Hauptwerk mit vollem Titel nannte.

Ob nun bedeutende Moralphilosophie oder nicht, bereits in seinem ersten Buch findet sich die Wendung von der »unsichtbaren Hand«. Smith verwendet sie, um darzulegen, dass der selbstsüchtige Grundbesitzer, der keinen Gedanken an das Wohlergehen seiner Landarbeiter verschwendet, doch, indem er sie beschäftigt und entlohnt, das Produkt seines Grundbesitzes mit seinen Arbeitern teilt.

> The produce of the soil maintains at all times nearly that number of inhabitants which it is capable of maintaining. The rich only select from the heap what is most precious and agreeable. They consume little more than the poor; and in spite of their natural selfishness and rapacity, …, though the sole end which they propose from the labours of all the thousands whom they employ be the gratification of their own vain and insatiable desires, they divide with the poor the produce of all their improvements. They are led by an invisible hand to make nearly the same distribution of the necessaries of life which would have been made had the earth been divided into equal portions among all its inhabitants; and thus, without intending it,

> without knowing it, advance the interest of the society ... When providence divided the earth among a few lordly masters, it neither forgot nor abandoned those who seemed to have been left out in the partition. These last, too, enjoy their share of all that it produces.[8]

Nicht von ungefähr ist hier von der Vorsehung die Rede, die auch für diejenigen gesorgt habe, die nicht zu den wenigen begüterten »lordly masters« gehören. Wenngleich man in der Literatur unterschiedliche Auffassungen über die Religiosität von Adam Smith findet,[9] so kann doch kaum ein Zweifel daran bestehen, dass Smith die von ihm in Natur und Gesellschaft gesehene Harmonie letztlich auf einen – wie auch immer konzipierten – Schöpfer zurückgeführt hat. Jedenfalls findet sich in seinem Werk immer wieder eine Argumentationsfigur, die darauf abstellt, dass sich das Ergebnis der menschlichen Handlungen als im »Interesse der Gesellschaft« herausstellt, obwohl die Handelnden keineswegs in einem solchen gesellschaftliche Interesse zu handeln beabsichtigen.

So liest sich auch die Stelle in Smith' *Wealth of Nations*, an der sich seine berühmt gewordene Metapher wiederfindet, folgendermaßen:

> As every individual ... endeavours as much as he can both to employ his capital in the support of domestic industry, and so to direct that industry that its produce may be of the greatest value; every individual necessarily labours to render the annual revenue of the society as great as he can, he generally ... neither intends to promote the public interest, nor knows how much he is promoting it. By preferring the support of domestic to that of foreign industry, he intends only his own security; and by directing that industry in such a manner as its produce may be of the greatest value, he intends only his own gain, and he is in this, as in many other cases, led by an invisible hand to promote an end which was no part of his intention.[10]

Das Argument ist hier offenbar sehr schlicht: Indem jedes Individuum den Wert seines Produkts zu steigern versucht, versucht es auch, den Wert des Sozialprodukts zu steigern – ohne freilich am Sozialprodukt als solchem interessiert zu sein. Die – für den Mathematiker naheliegende – Frage, ob nicht das Bemühen des einen Individuums die Erfolgsaussichten anderer beeinträchtigen könnte, wird von Smith freilich nicht gestellt.

Auch wenn sich der Ausdruck »invisible hand« nur dies eine Mal in Smith' Hauptwerk findet, zieht sich seine Überzeugung, dass Eigennutz die Individuen zu Verhalten motiviert, das nützlich für »die Gesellschaft« ist – gemeint ist dabei stets die Gesellschaft der Nation – durch das gesamte Werk. Ein anderes, dafür häufig als Beleg angeführtes Zitat ist das folgende:

> … man has almost constant occasion for the help of his brethren, and it is in vain for him to expect it from their benevolence only. He will be more likely to prevail if he can interest their self-love in his favour, and show them that it is to their own advantage to do for him what he requires of them. Whoever offers a bargain of any kind, proposes to do this. Give me that which I want, and you shall have this which you want, is the meaning of every such offer. … It is not out of the benevolence of the butcher, the brewer, or the baker that we expect our dinner, but from their regard to their own interest.[11]

Hier wird in der Tat eine Einsicht formuliert, die der liberalen Forderung nach Vertragsfreiheit zugrunde liegt: Beiderseits freiwilliger Tausch von Leistung und Gegenleistung ist – jedenfalls kurzfristig und aus der Sicht beider Vertragsparteien – von Vorteil für beide. Freilich ist die Einschränkung nicht ganz unwesentlich: Mitunter stellt sich nach der Transaktion heraus, dass die Leistung nicht die Qualität aufweist, die sie zum Zeitpunkt der Transaktion zu haben schien, und mitunter erweist sie sich langfristig sogar als schädlich.

Für das Zustandekommen eines Tauschgeschäfts weniger entscheidend als der beiderseitige Vorteil ist die Motivation der Beteiligten, für die Smith Eigennutz annimmt. Man kann durchaus argumentieren, dass derjenige, der nicht aus Eigennutz Bäcker wird, sondern Brot backt, damit seine Mitmenschen etwas zu essen bekommen, in der Regel von seinen Kunden dafür entlohnt werden wird. »Customer orientation« ist eine in der Management-

Literatur wohlbekannte Maxime, die nicht den »Eigennutz« des Unternehmens, sondern die Bedürfnisse seiner Kunden in den Mittelpunkt der Unternehmensführung rückt.[12] Selbst wenn der Bäcker und Fleischer vorrangig am eigenen Einkommen interessiert ist, wird er gut daran tun, auch die Bedürfnisse seiner Kunden zu berücksichtigen.[13]

Der von Smith formulierten Einsicht, dass freiwilliger Tausch prima facie zum beiderseitigen Vorteil sein muss, steht zunächst gar nicht entgegen, dass ein solcher Tausch von Ware gegen Geld nicht unbedingt als fair empfunden werden muss. Wer dem Verdurstenden Wasser anbietet, kann dafür unter Umständen einen Wucherpreis verlangen. Nicht von Ungefähr kann – jedenfalls nach deutschem Recht – ein scheinbar beiderseits »freiwilliges« Rechtsgeschäft nichtig sein, wenn es unter Ausnutzung einer Zwangslage zustande kommt.

Wann eine Zwangslage vorliegt, wird in weniger extremen Fällen, in denen es nicht gerade um Leben und Tod geht, nicht immer leicht zu entscheiden sein. Allerdings ist nicht jeder Preis eines Monopolunternehmens auch schon ein Wucherpreis. Adam Smith, für den Monopole stets auf einem Privileg beruhen, das durch den Souverän gewährt wird, bemerkt, dass der Preis eines Monopolunternehmens stets höher sein wird als der »natürliche« Preis, gegen den der sich bei freiem Wettbewerb ergebende Marktpreis tendieren würde,[14] und spricht sich für eine Beseitigung aller »Begünstigungen und Einschränkungen« durch den Staat aus, da sich so ein System natürlicher Freiheit ergeben würde:

> All systems either of preference or of restraint … being … completely taken away, the obvious and simple system of natural liberty establishes itself of its own accord. Every man, as long as he does not violate the laws of justice, is left perfectly free to pursue his own interest his own way, and to bring both his industry and capital into competition with those of any other man …[15]

Der Souverän – im Großbritannien des 18. Jahrhunderts der Monarch in Verbindung mit dem Parlament – sollte also einen möglichst ungehinderten Wettbewerb garantieren, indem er seinen Bürgern möglichst weitgehende Freiheiten lässt. Wenngleich sich die Wendung »laissez faire«[16] bei Smith nicht findet, sind doch seine Vorstellungen von »natural liberty« nicht ganz zu Unrecht damit verbunden worden. Allerdings war Smith weit davon entfernt, einem »Anarcho-Kapitalismus« das Wort zu reden. Die Aufgaben, die der Staat zu erfüllen habe, werden von ihm aufgelistet:

> According to the system of natural liberty, the sovereign has only three duties to attend to; … first, the duty of protecting the society from the violence and invasion of other independent societies; secondly, the duty of protecting, as far as possible, every member of the society from the injustice or oppression of every other member of it, or the duty of establishing an exact administration of justice; and, thirdly, the duty of erecting and maintaining certain public works and certain public institutions, which it can never be for the interest of any individual, or small number of individuals, to erect and maintain; because the profit could never repay the expence to any individual or small number of individuals, though it may frequently do much more than repay it to a great society.[17]

Ebenso wie dann im 20. Jahrhundert bei den »Neoliberalen« Milton Friedman und Friedrich Hayek sind für Smith also Landesverteidigung, Polizei und Rechtswesen sowie die Bereitstellung öffentlicher Güter durchaus legitime Aufgaben des Staates – aber es sind auch die einzigen Aufgaben, die der Staat zu erfüllen hat. Die Finanzierung dieser Staatsaufgaben ist nach Smith durch eine proportionale Einkommensteuer sicherzustellen.

Im Lichte der Wirtschaftstheorie von anderthalb Jahrhunderten auf die *Wealth of Nations* zurückblickend, empfand Schumpeter das Werk als nicht sonderlich tief. In seiner *History of Economic Analysis* schreibt er über Smith:

> … he disliked whatever went beyond plain common sense. He never moved above the heads of even the dullest readers. He led them on gently, encouraging them by trivialities and homely observations, making them feel comfortable all along.[18]

Schumpeter würdigt freilich das von Smith geleistete Zusammentragen und Systematisieren des zu seiner Zeit vorhandenen Materials und führt seinen unbestreitbaren Erfolg gerade auf die Leichtgängigkeit seiner Argumentation zurück. Wie auch immer man Originalität und Tiefe der *Wealth of Nations* beurteilen mag – keinem Zweifel kann unterliegen, dass Smiths Werk enormen Einfluss auf die Entwicklung der Volkswirtschaftslehre gehabt hat. Und obwohl es gänzlich unmathematisch ist und ein halbes Jahrhundert vergehen musste, bis die Mathematik in die Wirtschaftstheorie Einzug hielt, werden wir sehen, dass es einen eigentümlichen Einfluss auch auf die mathematische Wirtschaftstheorie entfaltete.

3. Ökonomie als Wissenschaft
Cournot und Walras

Es war vermutlich der französische Mathematiker Antoine Augustin Cournot (1801–1877), der als Erster die Annahme verwendete, dass sich die Nachfrage nach einem Gut als Funktion seines Preises darstellen lässt. Von dieser Annahme ausgehend, formulierte er in seinen 1838 erschienenen *Recherches sur les principes mathématiques de la théorie des richesses* das Modell eines Monopolmarktes und der Preisbildung im Monopol, das bis heute als grundlegend für die Analyse derartiger Märkte gilt. Ebenso formulierte er das erste, später dann nach ihm benannte Modell eines Oligopolmarktes, dessen Lösung das erst 1950 von John Nash definierte Gleichgewichtskonzept vorwegnimmt.

In beiden Modellen wird die mengenmäßige Nachfrage N nach einem Gut als Funktion seines Preises p ausgedrückt: $N=F(p)$. Die Annahme, dass die Nachfrage mit steigendem Preis abnimmt, lautet dann, dass die Ableitung der Funktion F kleiner als 0 ist: $F'(p)<0$. Wenn man ebenfalls mit Cournot eine Kostenfunktion $C(N)$ annimmt, die angibt, welche Gesamtkosten einem Unternehmen entstehen, wenn es die Menge N produziert, ist der gewinnmaximierende Preis des Monopolunternehmens mit etwas Differentialrechnung leicht zu charakterisieren – aus heutiger Sicht mit gewöhnlicher Schulmathematik.

Der Gewinn ist dann nämlich $G(p) = p \cdot F(p) - C(N)$, die notwendige Bedingung für ein Maximum lautet: $G'(p) = 0$, und mit Produktregel und Kettenregel der Differentialrechnung erhält man: $G'(p) = F(p) + pF'(p) - C'(N)F'(p)$. Für ein Maximum des Gewinns muss also gelten: $F(p) + (p - C'(N)) \cdot F'(p) = 0$. Da $F(p) > 0$ ist und $F'(p) < 0$, folgt für den gewinnmaximalen Monopolpreis p^*, dass $p^* > C'(F(p^*))$, d. h. der gewinnmaximale Preis ist größer als die Grenzkosten, also die Kosten einer zusätzlich produzierten Einheit.[19] Aus ein wenig komplizierteren Annahmen über konkurrierende Unternehmen, die alle dasselbe Gut produzieren, konnte Cournot ableiten, dass mit zunehmender Anzahl der Konkurrenten der gleichgewichtige Marktpreis gegen die Grenzkosten tendieren würde – und also die Gewinne gegen Null.[20]

Kenntnisse der Differentialrechnung waren freilich in der ersten Hälfte des 19. Jahrhunderts nicht überall notweniger Bestandteil der Mathematikausbildung.[21] Die Ökonomie war noch keineswegs ein anerkannter Wissenschaftszweig und argumentierte im Stile von Adam Smith weitestgehend verbal. So fanden weder Cournots Modelle noch das 1854 erschienene Werk Hermann Heinrich Gossens, der neben Dupuit, Carl Menger und von Thünen heute als Vorläufer der Grenznutzenschule gilt, bei ihren Zeitgenossen viel Beachtung; Cournot und die Grenznutzenschule markieren aber die Anfänge der mathematischen Wirtschaftstheorie, die nach 1860 durch Arbeiten von Jevons und Edgeworth in England, von Mangoldt in Deutschland, vor allem aber durch Léon Walras in der Schweiz einen rapiden Aufschwung nahm.

Durch Alfred Marshall (1842–1924) wurde »Economics« an der Universität Cambridge 1903 erstmals ein eigenes Studienfach.[22] Seine 1890 in erster Auflage erschienenen *Principles of Economics* vermieden zwar weitestgehend mathematische Argumentation, enthielten aber einen mathematischen Anhang, in dem einige verbale Argumentationen mathematisch untermauert wurden. Die *Principles* wurden zum Standardwerk der englischsprachigen Ökonomie, erfuhren eine ganze Reihe von immer wieder revidierten Auflagen und popularisierten das bis heute in jedem einführenden Lehrbuch erläuterte Partialmodell eines Marktes, in dem die Nachfrage N und das Angebot A aufeinandertreffen (Abb. 1).[23] Angebot und Nachfrage werden in dem Modell »durch den Preis ins Gleichgewicht gebracht«, da der Marktpreis p sinken wird, falls das Angebot die Nachfrage übersteigt, aber steigen, falls umgekehrt die Nachfrage das Angebot übersteigt.

Trotz seiner Schlichtheit erweist sich das Modell für viele Märkte als qualitativ erstaunlich aussagekräftig: Steigt etwa das Angebot infolge technologischer Innovationen und damit verbundener Kostenreduktion, was im Modell eine Rechtsverschiebung der A-Kurve bedeutet, so sagt das Modell voraus, dass der Gleichgewichtspreis p^* sinken wird, während die gleichgewichtige Menge

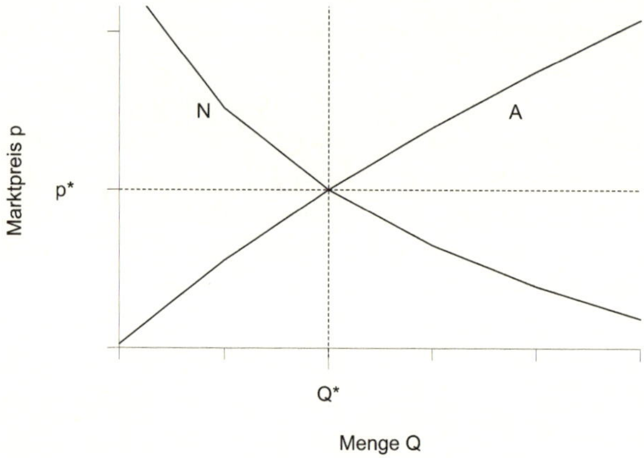

Abb. 1: Marktmodell à la Marshall

Q* zunimmt. Steigt dagegen die Nachfrage im Sinne einer Rechtsverschiebung der N-Kurve, so steigen sowohl p* als auch Q*.

Angenommen ist in dem Modell, dass sich sowohl die Nachfragefunktion N(p) als auch die Angebotsfunktion A(p) aus den Nachfrage- bzw. Angebotsentscheidungen vieler Nachfrager bzw. Anbieter zusammensetzt:

$$N(p) = n_1(p) + n_2(p) + \ldots + n_H(p) \quad (1)$$

$$A(p) = a_1(p) + a_2(p) + \ldots + a_F(p)$$

Nur im Marktgleichgewicht, also wenn N(p)=A(p), können alle Nachfragen zu Käufen und alle Angebote zu Verkäufen werden, andernfalls entsteht eine positive Überschussnachfrage oder ein Angebotsüberschuss. Im ersteren Fall, also wenn $N(p) > A(p)$, wird angenommen, dass einige Nachfrager, um zum Zuge zu kommen, etwas höhere Preise bieten, im letzteren, dass einige Anbieter ihre Preise senken.

Nur angedeutet sei hier, dass für den Markt eines Konsumgutes die individuelle Nachfragefunktion $n_h(p)$ aus individueller Nutzenmaximierung des h-ten Haushalts bzw. Konsumenten erklärt wird und die individuelle Angebotsfunktion $a_f(p)$ aus individueller Gewinnmaximierung der f-ten Firma. Allerdings wurde – und wird bis heute – das Modell auch auf Faktormärkte, also etwa den Arbeitsmarkt, angewendet. In diesem Fall resultiert die Arbeitsnachfrage aus den Produktionsentscheidungen von Firmen und das Arbeitsangebot aus den Nutzenkalkülen von Haushalten. Außerdem gibt es Märkte für Vorprodukte – etwa Stahl oder Schrauben oder heutzutage Computerchips –, die sowohl von Firmen produziert und angeboten als auch von Firmen nachgefragt werden, und es gibt Güter, die sowohl von Haushalten als auch von Firmen angeboten und nachgefragt werden – Gold wäre hier ein Beispiel.

Ein grundsätzliches Problem, das im Modell eines isolierten Marktes ignoriert wird, wurde von Cournot wohl gesehen, aber weder von ihm noch von Marshall einer ausführlichen Analyse unterzogen.[24] Es besteht darin, dass sowohl die Nachfrage als auch das Angebot für ein Gut nicht nur vom Preis dieses Gutes, sondern ebenso von den Preisen zahlreicher anderer Güter abhängen. Die Nachfrage nach Arbeit etwa hängt nicht nur vom Lohnsatz ab, sondern ebenso von den Preisen für Strom, verschiedenste Rohstoffe, Transportleistungen und – heutzutage – Automaten, die anstelle von menschlicher Arbeit eingesetzt werden können; das Angebot an Milch hängt nicht nur vom Milchpreis ab, sondern ebenso von den Preisen für Milchkühe, Futtermittel, Strom, Melkmaschinen, Arbeitsleistungen etc.

Dieses Problem wurde erstmals von Léon Walras (1834–1910) untersucht, insbesondere in seinen *Éléments d'économie politique pure ou Théorie de la richesse sociale*, die in erster Auflage 1874 erschienen.[25] Ohne auf die vielen Einzelheiten seiner Arbeit einzugehen, kann sie dadurch charakterisiert werden, dass sie zu einem System von Gleichungen führt, welches ein *allgemeines* Marktgleichgewicht definiert:

$$\begin{aligned} N_1(p_1, p_2, \dots, p_G) &= A_1(p_1, p_2, \dots, p_G) \\ N_2(p_1, p_2, \dots, p_G) &= A_2(p_1, p_2, \dots, p_G) \qquad (2) \\ \dots & \dots\dots \\ N_G(p_1, p_2, \dots, p_G) &= A_G(p_1, p_2, \dots, p_G) \end{aligned}$$

Alle Güter – einschließlich Faktorleistungen, Vorprodukten und Rohstoffen – sind hier, ebenso wie ihre jeweiligen Preise, von 1 bis G durchnummeriert. Ebenso wie in den Gleichungen (1) ergeben sich die N_g und A_g aus den Nachfrage- und Angebotsentscheidungen vieler Haushalte und Unternehmen, stellen also die aggregierte nachgefragte Menge bzw. die aggregierte angebotene Menge des jeweiligen g-ten Gutes dar. Nur wenn alle Gleichungen in (2) erfüllt sind, sind alle individuellen Nachfrage- und Angebotsentscheidungen kompatibel in dem Sinne, dass alle angebotenen Mengen verkauft und alle nachgefragten Mengen gekauft werden können.

Walras argumentierte, dass immer dann, wenn auf dem Markt des g-ten Gutes ein Ungleichgewicht vorliegt, der Preis dieses Gutes – wie im Partialmodell à la Marshall – angepasst würde: Übersteigt die Nachfrage das Angebot, steigt der Preis ein wenig; im umgekehrten Falle sinkt er ein wenig. Zwar würden sich dadurch auch Angebot und Nachfrage auf anderen Märkten als dem g-ten etwas verändern, aber nicht so sehr wie Angebot und Nachfrage nach dem Gut g selbst. Im Ergebnis würde der Prozess dieser Preisanpassungen – Walras wählte dafür den Begriff »tâtonnement« – dafür sorgen, dass das System der G Güterpreise auf ein allgemeines Gleichgewicht zuläuft, dass also das Gleichungssystem (2) zumindest annähernd erfüllt sein wird. Walras' Argumentation, dass eine Lösung des Gleichungssystems in diesem Sinne »stabil« sein müsste, hat spätere Mathematiker freilich nicht zu überzeugen vermocht.

Auch das Problem, ob bzw. unter welchen Bedingungen das Gleichungssystem überhaupt eine Lösung hat, konnte Walras nicht mathematisch befriedigend lösen. Die bloße Tatsache, dass es sich um ein System von G Gleichungen mit G Unbekannten – den Preisen – handelt, reicht dafür nicht, wie Walras in aller Deutlichkeit bewusst war.[26] Schon eine Gleichung mit einer Unbekannten hat ja mitunter keine reelle Lösung, wie zum Beispiel die Gleichung $p^2+1=0$ illustriert. Auch die Möglichkeit multipler Gleichgewichte wurde von Walras für den einfachsten Fall, in dem es nur zwei verschiedene Güter gibt, explizit diskutiert, für den Fall vieler verschiedener Güter allerdings für unwahrscheinlich gehalten.[27]

Existenz, Eindeutigkeit und Stabilität eines allgemeinen Marktgleichgewichts waren damit jedenfalls einigermaßen klar formulierte Probleme, welche die mathematische Wirtschaftstheorie der auf Walras folgenden 50 Jahre beschäftigen würden. Mit einiger Klarheit benannte Walras auch Grenzen der Anwendbarkeit seines Modells; anwendbar sei es nämlich nur auf Märkte, in denen freier Wettbewerb herrscht und Güter produziert werden, die privaten Nutzen stiften. Als Irrtum bezeichnete er es dagegen, die Versorgung mit Gütern, die öffentlichen Nutzen stiften, privaten Unternehmen zu überlassen oder freien Wettbewerb für Güter zu fordern, die durch ein »natürliches und notwendiges Monopol« produziert werden.[28]

Ausdrücklich wird von Walras eingeräumt, dass sein Modell nichts über Gerechtigkeit auszusagen vermag, da es nur die Preise und die daraus resultierende Allokation der produzierten Güter zu erklären vermag, dabei aber von einer gegebenen Verteilung der Produktionsfaktoren, also insbesondere von Kapital und natürlichen Ressourcen, ausgeht.[29]

Freilich finden sich bei Walras auch Aussagen, die sich verstehen lassen als die Behauptung, dass freier Wettbewerb zum maximal möglichen gesellschaftlichen Nutzen führt.[30]

4. Vilfredo Pareto
Effizienz als gesellschaftliches Optimum

Der Begriff des »gesellschaftlichen Nutzens« war jedoch an der Wende vom 19. zum 20. Jahrhundert alles andere als unproblematisch. Sowohl Walras als auch Marshall verwendeten den Begriff des Grenznutzens, um die individuellen Nachfragefunktionen herzuleiten, aber schon für ein einzelnes Individuum wurde diskutiert, ob der »Nutzen« eines Gutes die durch dieses Gut gestiftete Befriedigung oder die Stärke des Wunsches danach darstellt und wie er gemessen werden kann. Bei Marshall und seinem Cambridger Schüler und Lehrstuhlnachfolger Arthur Pigou, der mit seinem umfangreichen, 1920 publizierten Werk *The Economics of Welfare* als Begründer der Wohlfahrtsökonomik gilt, wurde der Nutzen zumeist durch die Zahlungsbereitschaft gemessen. Für Marshall war es dann naheliegend, die so durch Zahlungsbereitschaften repräsentierten Nutzen verschiedener Konsumenten zu addieren und mittels dieser Addition seinen berühmt-berüchtigten Begriff der »Konsumentenrente«[31] zu definieren. Auch für Pigou war gesellschaftlicher Nutzen monetär zu messen, so dass er das Volkseinkommen als »objektives Gegenstück« der wirtschaftlichen Wohlfahrt ansah.[32] Mitunter war er aber auch bereit, ganz in der Tradition der utilitaristischen Philosophen Bentham, Mill und Sidgwick die »aggregate sum of satisfaction« als Produkt aus Anzahl der Individuen und Nutzen des mittleren Einkommens zu berechnen.[33]

Freilich war die interpersonelle Vergleichbarkeit des Nutzens ein Problem. Warum sollte jemand, der für ein Gemälde mehr zu zahlen bereit ist als jemand anderes, aus dem Besitz des Gemäldes einen höheren Nutzen ziehen? Warum sollte der Nutzen, den eine bestimmte Einkommenshöhe stiftet, für jedermann gleich hoch sein? Schon Jevons (1835–1882) erklärte es für unmöglich, den Nutzen der einen Person mit dem Nutzen einer anderen zu vergleichen.[34] Damit war aber auch dem Begriff des gesellschaftlichen

Nutzens der Boden entzogen, und erst recht dem des gesellschaftlichen Optimums.

Es war Vilfredo Pareto (1848–1923), der Nachfolger auf Walras' Lehrstuhl an der Universität Lausanne, der die bis heute in der Wirtschaftstheorie übliche »Lösung« des Problems anbot. Anstelle von »Wert« oder »Nutzen« verwendete er den Ausdruck »Ophelimität«, die durch unterschiedliche Indices gemessen werden könne, und stellte mit Nachdruck fest:

> The ophelimity, or its index, for one individual, and the ophelimity, or its index, for another individual, are heterogeneous quantities, we can neither add them together nor compare them. No bridge, as the English say. A sum of ophelimity enjoyed by different individuals does not exist; it is an expression which has no meaning.[35]

Dennoch, so Pareto, könne man gesellschaftlich optimale Zustände definieren, nämlich dadurch, dass in einem solchen Zustand jede kleine Abweichung für einige Mitglieder der Gesellschaft zu einer Steigerung, bei anderen aber zu einer Verringerung der Ophelimität führen würde.[36]

Damit war ein Begriff definiert, der unter der Bezeichnung »Pareto-Optimalität« in die wirtschaftstheoretische Literatur eingehen würde.[37] In den Worten von Paul Samuelson (1915–2009), der 1932 sein Ökonomie-Studium an der Universität Chicago begann:

> An optimum position ... was defined by the requirement that there should not exist any possible variation or movement which would make everybody better off.[38]

Samuelson versäumte es nicht, darauf hinzuweisen, dass ein so definiertes »Optimum« keineswegs eindeutig ist und dass es zu jeder Umverteilung von Einkommen ein neues »Optimum« geben wird, von dem ohne interpersonelle Vergleichbarkeit der Nutzen in der Regel nicht gesagt werden kann, ob es »besser« oder »schlechter« ist als das Ausgangsoptimum.[39] Zwei gesellschaftliche Zustände z_1 und z_2 sind nach dem Pareto-Kriterium im Allgemeinen eben nicht vergleichbar, sondern nur dann, wenn *jedes* Mitglied der

Gesellschaft den Zustand z_1 dem Zustand z_2 vorzieht (oder umgekehrt). Dennoch fand der Ausdruck »Pareto-Optimum« Eingang in die Lehrbücher,[40] in einflussreiche Monographien[41] und in zahllose Zeitschriftenaufsätze.

Allerdings vermochte wohl das 1971 erschienene Lehrbuch von Arrow und Hahn den Sprachgebrauch ein wenig zu korrigieren:

> We use the term »Pareto efficient« instead of the more common »Pareto optimal« because the latter term conveys more commendation than the concept should bear, since a Pareto-efficient allocation might assign extremely low utilities to some (indeed, possibly to all but one) household and thus not be optimal in any sense in which distributional ethics is involved.[42]

Eine Studie von Berthonnet und Delclite (2015) hat festgestellt, dass in den einschlägigen wissenschaftlichen Zeitschriftenaufsätzen seit 1970 die Verwendung des Ausdrucks »Pareto-Optimalität« zugunsten von »Pareto-Effizienz« nach und nach abgenommen hat (Abb. 2). Auch viele neuere Lehrbücher haben sich dem Sprachgebrauch von Arrow und Hahn angeschlossen. Dass aber nach mehr als 40 Jahren die Hälfte der Zeitschriftenaufsätze immer noch den Ausdruck »Pareto-Optimalität« verwendet, zeigt, wie langsam sich mitunter selbst in der Wissenschaft Einsichten durchzusetzen vermögen.

Ähnliches wird man über die von Pareto aufgestellte Behauptung feststellen müssen, dass die bei vollkommenem Wettbewerb sich ergebende Allokation der Ressourcen »optimal« – im Pareto'schen Sinne – sein muss. Schon Pareto selbst bezeichnet diese Aussage als eines der wichtigsten Theoreme der ökonomischen Wissenschaft.[43] Nachdem in der Folge des Ersten Weltkriegs in Russland die Kommunistische Partei die Macht ergriff und 1922 die Sowjetunion gegründet worden war, spielte das Theorem eine gewisse Rolle in der Debatte um die Wirtschaftsrechnung im Sozialismus.[44] An dieser Debatte war u. a. Oskar Lange (1904–1965) beteiligt, der von 1938 bis 1942 an der Universität von Chicago Mitglied der dortigen »Cowles Commission« war und in einem 1942 erschienenen Aufsatz mittels Differentialrechnung eine Fassung des Pareto'schen Theorems bewies.[45] Ein wenig später konnten

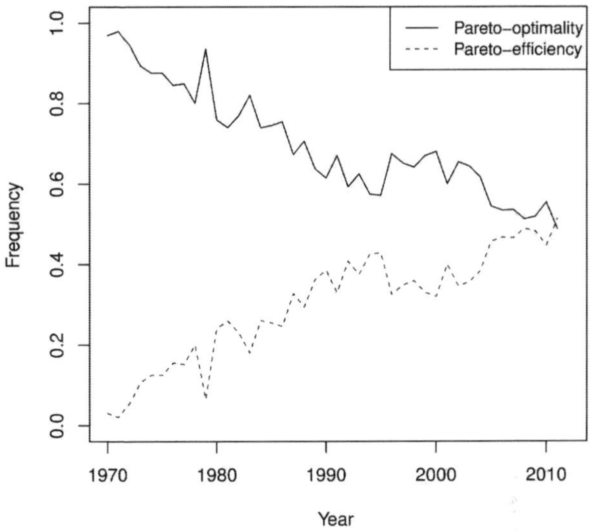

Abb. 2: Häufigkeiten von »optimal« und »effizient«
Quelle: Berthonnet und Delclite (2015).

zwei jüngere Mitglieder der Commission, Arrow und Debreu, auf die wir ausführlicher zu sprechen kommen werden, deutlich allgemeinere Fassungen des Theorems beweisen, das dann als »First Fundamental Theorem of Welfare Economics« Eingang in die Lehrbücher fand.[46] Die folgenden zwei Zitate belegen, wie das Theorem (und ein zweites, mit Paretos Theorem eng zusammenhängendes[47]) mit Smiths Metapher in Verbindung gebracht wird.

Ein weit verbreitetes Lehrbuch der Mikroökonomie etwa tut dies folgendermaßen:

> The first fundamental theorem of welfare economics ... provides a formal and very general confirmation of Adam Smith's asserted ›invisible hand‹ property of the market.[48]

In einer spezialisierten Monographie zur Gleichgewichtstheorie findet man:

> The classical intuition, that decentralized competitive markets produce out of the self-interested behavior of economic agents an

> optimal distribution of resources, dates back at least to Adam Smith's ›invisible hand‹. This intuition is made precise in the two welfare theorems of K. J. Arrow … and G. Debreu …[49]

Varians Lehrbuch betont die Bedeutung der zwei Theoreme:

> The two theorems of welfare economics are among the most fundamental results in economics.[50]

5. Die Chicago School

Knight, Stigler und Friedman

Die besondere Rolle, die Chicago für die Wirtschaftswissenschaft des 20. Jahrhunderts und die Verbreitung der »unsichtbaren Hand« spielte, dürfte bereits deutlich geworden sein. Häufig ist von der »Chicago School of Economics« die Rede, als deren Begründer Frank Knight (1885–1972) gilt.[51]

Aus Knight's Doktorarbeit hervorgegangen, erscheint 1921 sein in der Folge immens einflussreiches Buch *Risk, Uncertainty and Profit*. Es beginnt mit den Worten: »Economics, or more properly theoretical economics, is the only one of the social sciences which has aspired to the distinction of an exact science«.[52] Während er das Werk von Pareto und Wicksteed als »considerable and fairly satisfactory body of … doctrine« bezeichnet, stellt er fest, dass es nicht die ihm gebührende Beachtung gefunden hat. »[M]athematical economics in particular seems likely to remain little more than a cult, a closed book to all but a few of the ›initiated‹«.[53] Knights Darstellung des Modells der vollkommenen Konkurrenz ist dann auch gänzlich unmathematisch, aber am abstrakt-deduktiven Stil der Mathematik orientiert. Für mehrere Jahrzehnte wird es so bleiben, dass die »Chicago School of Economics« zwar Wissenschaftlichkeit beansprucht, aber nur wenig Gebrauch von vergleichsweise einfacher Mathematik macht.

Ein Modell der vollkommenen Konkurrenz beschreibt Knight zunächst durch folgende elf Annahmen:[54]

1. Die Gesellschaft besteht aus »normalen Menschen« – zunächst werden weder Haushalte noch Unternehmen betrachtet.
2. Die Menschen handeln vollkommen rational; sie wissen, was sie wollen und was die Konsequenzen ihrer Handlungen sind. Ihre Wünsche sind konsistent und stabil.
3. Jeder ist frei, im Sinne seiner Wünsche zu produzieren, zu tauschen und zu konsumieren.

4. Es gibt keine physischen Hindernisse, Pläne aufzustellen, zu ändern oder auszuführen. Änderungen von Plänen sind kostenlos, alle Güter beliebig teilbar. Produktion, Konsum und Tausch sind zeitlos.
5. Vollkommener Wettbewerb beinhaltet kostenlose und vollständige Kommunikation zwischen allen Individuen der Gesellschaft. Jeder potentielle Käufer kennt alle Angebote potentieller Verkäufer und wählt zwischen diesen. Umgekehrt kennt jeder Verkäufer alle Nachfragen potentieller Käufer und wählt zwischen diesen.
6. Austausch von Gütern ist die einzige Beziehung zwischen den Individuen. Im Übrigen ist jeder völlig unabhängig von allen anderen und hat keine sozialen Wünsche, Präferenzen oder Abneigungen. Durch Austausch von Gütern sind keine Interessen von Personen betroffen, die nicht Partei im Austausch sind. Es gibt keine Absprachen oder Monopole.
7. Es gibt weder Raub noch Diebstahl. Nur durch Produktion oder Austausch können die Menschen Güter erlangen.
8. Jeder ist auf die Produktion eines bestimmten Gutes spezialisiert.
9. Es gibt keinerlei Veränderungen in den genannten Bedingungen.
10. Es gibt keinerlei Produktionsmittel außer den mit Individuen untrennbar verbundenen Fähigkeiten.
11. Sekundäre Arbeitsteilung bei der Produktion eines Gutes, die das Zusammenwirken unterschiedlicher Arbeitsarten erfordert, ist ausgeschlossen.

Bezüglich der gesellschaftlichen Wünschbarkeit der sich bei derartig vollkommener Konkurrenz im Gleichgewicht ergebenden Güterallokation äußert sich Knight vorsichtig:[55]

> To call this result socially ideal or the best possible, involves assuming … that the … distribution of goods before the exchanges commenced, was the best possible… All that is true … is that free exchange tends toward that redistribution of goods which is the most satisfactory all around of any that can be obtained by voluntary consent all around.

Eine Modifikation des Modells durch Einbeziehung von Unternehmen und Produktionsmitteln ändert nicht viel am Gesamtbild der vollkommenen Konkurrenz. Dasselbe gilt für Veränderungen der menschlichen Präferenzen, der Technologie oder Demographie – falls sie vorhersehbar sind. Konkurrenz sorgt in jedem Falle dafür, dass im Gleichgewicht alle Gewinne gleich null sind.[56] Erst durch Unsicherheit über die Zukunft, die im Unterschied zu »Risiko« nicht durch objektive Wahrscheinlichkeiten quantifiziert – und damit durch Versicherung neutralisiert – werden kann, entsteht in Knights Modell der vollkommenen Konkurrenz die Möglichkeit von Profiten – aber auch von Verlusten.

Knight betont immer wieder, dass sein Modell ein analytisches Instrument ist, das in vielerlei Hinsicht von der Realität abweicht. Insbesondere weist er darauf hin, dass häufig entgegen der Annahme 6 Verträge und daraus resultierende Transaktionen auch die Interessen Dritter berühren, die nicht Vertragspartei sind, und dass in solchen Fällen gesellschaftliche Einflussnahme erforderlich ist »to secure maximal social (total individual) advantage«.[57] Darüber hinaus wären die Bedingungen des Modells »inherently self-defeating«: »Perfect competition implies conditions … which would at the same time facilitate monopoly, make organization through free contract impossible, and force an authoritarian system upon society«.[58]

War die Zeit der industriellen Revolution im 19. Jahrhundert vom ungezügelten »Manchester-Kapitalismus« geprägt, so zeigte nach dem Ersten Weltkrieg und den »roaring twenties« die Weltwirtschaftskrise der 1930er Jahre mit großer Brutalität, dass das »freie Spiel der Marktkräfte« keineswegs für kontinuierlich wachsenden Wohlstand sorgen würde. Die Industrieproduktion brach innerhalb von drei Jahren in den USA und in Deutschland um mehr als 40 % ein, das Außenhandelsvolumen um mehr als 60 %, die Arbeitslosigkeit stieg in Deutschland um mehr als 200 %, in den USA sogar um mehr als 600 %. Anderen Industrieländern erging es nicht wesentlich besser. Inmitten der Krise, die 1929 begann, veröffentlicht 1934 Knights Schüler Henry Simons (1899–1946) – der gelegentlich als »Kronprinz« der Chicago School bezeichnet worden ist[59] – *A Positive Program for Laissez Faire*. Er fordert darin jedoch keineswegs, die Märkte sich selbst zu überlassen, sondern vielmehr, dass der Staat eingreifen müsse, um die Ziele zu erreichen, über die in Amerika weitgehend Einigkeit bestehe – bemerkenswerterweise rechnet er dazu nicht nur eine Steigerung der Realeinkommen und Beschäftigung, sondern auch eine Reduktion der Ungleichheit und die Aufrechterhaltung der demokratischen Institutionen.[60] Bedroht sieht er die Demokratie vor allem durch Monopole in allen ihren Formen. Dazu zählen für ihn Großkonzerne ebenso wie Kartelle, Wirtschaftsverbände und Gewerkschaften.[61] Der Staat solle Wettbewerb ermöglichen, indem er die Macht dieser Monopole beschränkt. Es müsse etwa eine Obergrenze geben für das Vermögen eines einzelnen Unternehmens und in der Regel sollten Unternehmen keine Anteile an anderen Unternehmen halten dürfen. Wo Monopole aus Effizienzgründen erforderlich seien, wie bei Eisenbahnen, Wasser-, Gas- und Elektrizitätsversorgung, solle der Staat sie nicht privaten Interessen überlassen, sondern sie vielmehr in staatliches Eigentum überführen.[62] Heraushalten solle sich der Staat dagegen aus der Gestaltung relativer Preise dort, wo Wettbewerb möglich ist. Insbesondere nennt er hier Zölle – waren doch erst 1930 durch den Smoot-Hawley-Act die mittleren amerikanischen Einfuhrzölle auf über 20.000 Güter um 20 Prozentpunkte auf fast 60 % angehoben worden. Mit dem Verschwinden des internationalen Freihandels sieht Simons ein Zeitalter des zunehmenden Imperialismus und unversöhnlicher zwischenstaatlicher Konflikte aufkommen.[63]

Im krassen Gegensatz zu späteren »Neoliberalen« beinhaltet Simons' Version einer Laissez-Faire-Politik auch eine Reduktion der Ungleichheit mittels progressiver Einkommensbesteuerung. Simons fordert sogar, dabei auch Schenkungen und Erbschaften beim Begünstigten steuerlich als Einkommen zu behandeln. Schließlich empfiehlt Simons auch, Werbung zu begrenzen, die er als ungeheure Verschwendung von Ressourcen ansieht, bleibt aber vage hinsichtlich geeigneter Maßnahmen.

Zu den politischen Maßnahmen, die als »Chicago Plan« bekannt sind und sowohl von Knight als auch von Simons empfohlen wurden, zählte u. a. auch die institutionelle Trennung von Geschäfts- und Investmentbanken – eine Trennung, die als »Glass-Steagall-Act« 1933 vom amerikanischen Kongress beschlossen wurde,[64] 1999 unter Bill Clinton aber wieder rückgängig gemacht wurde.

Die durchaus nicht unkritische Haltung gegenüber dem sich selbst überlassenen Markt, die sich bei Knight und Simons findet, war weit weniger ausgeprägt bei der zweiten Generation der Chicago School – als deren Hauptvertreter insbesondere George Stigler (1911–1991) und Milton Friedman (1912–2006) gelten. Sie einte zum einen die methodologische Überzeugung, dass das Modell der vollkommenen Konkurrenz trotz all seiner offensichtlich nicht realistischen Annahmen doch das geeignetste Modell sei, um die realen Märkte zu analysieren und Politikempfehlungen auszuarbeiten, zum anderen aber auch die Überzeugung, dass freier Wettbewerb zu einer effizienten Allokation der Ressourcen führt und staatliche Eingriffe in den Wettbewerb daher abzulehnen seien. Staatliche Eingriffe in die Marktpreise einerseits sowie Kartelle und Monopole andererseits waren für sie die hauptsächlichen Probleme, die einer freien, wettbewerblichen Marktwirtschaft im Wege standen.[65]

Damit war aber das Modell der vollkommenen Konkurrenz nicht nur ein analytisches Instrument, sondern zugleich ein normatives Idealbild, an dem sich auch die politische Gestaltung der Wirtschaftsordnung orientieren sollte. So argumentierte Stigler etwa gegen den Minimallohn und gemeinsam mit Friedman gegen Obergrenzen für Mieten.[66] Vor allem bekannt ist Stigler aber für seine »Theory of Economic Regulation«,[67] die durch »Angebot und Nachfrage nach Regulierung« das Zustandekommen von gesetzlichen Regeln zu erklären versucht, die im Interesse von Verbänden oder anderen Interessengruppen sind, aber anderen gesellschaftlichen Interessen zuwiderlaufen.

Besonders leidenschaftlich setzte sich Milton Friedman für das Ideal einer »freien Marktwirtschaft« ein. Er gehört auch zu den wenigen Ökonomen, die sich explizit zum »Neoliberalismus« bekannten. Was den Neoliberalismus vom älteren Liberalismus des 19. Jahrhunderts unterscheidet, hat Milton Friedman 1951 so auf den Punkt gebracht:

> Neo-liberalism would ... substitute for the nineteenth century goal of laissez-faire ... the goal of the competitive order. It would seek to use competition among producers to protect consumers from exploitation, competition among employers to protect workers

> and owners of property, and competition among consumers to protect the enterprises themselves. The state would police the system, establish conditions favorable to competition and prevent monopoly…[68]

Es ist also nicht einfach die sich selbst überlassene Marktwirtschaft, die vom Neoliberalismus Friedmans in den 1950er Jahren propagiert wurde. Vielmehr wurde es als staatliche Aufgabe angesehen, monopolistische Märkte zu verhindern, eine kompetitive Marktwirtschaft zu fördern und aufrecht zu erhalten. Als wichtige Aufgaben des Staates wurden ferner die Sicherung der Stabilität des Geldwerts angesehen sowie denjenigen ein minimales Einkommen zu verschaffen, die »in der Lotterie des Lebens Nieten ziehen«.

> These are broad powers and important responsibilities that the neo-liberal would give to the state. But the essential point is that they are all powers that are limited in scope and capable of being exercised by general rules applying to all. They are designed to permit government by law rather than by administrative order. They leave scope for the exercise of individual initiative by millions of independent economic units. They leave to the unparalleled efficiency of the impersonal price system the coordination of the detailed economic activities of these units. And above all, by leaving the ownership and operation of economic resources predominantly in private hands, they preserve a maximum of individual freedom and liberty.[69]

Auf den ersten Seiten seines 1962 in erster Auflage erschienenen Buches *Capitalism and Freedom* stellt Friedman die ja auch 2025 durchaus relevante Frage:

> How can we keep the government we create from becoming a Frankenstein that will destroy the very freedom we establish it to protect? … the great threat to freedom is the concentration of power. Government is necessary to preserve our freedom, … yet by concentrating power in political hands, it is also a threat to freedom. Even though the men who wield this power initially be of

goodwill ..., the power will both attract and form men of a different stamp.[70]

Freilich waren es nicht Männer vom Schlage Putins, Erdogans, Orbans oder Trumps, die Friedman hier im Sinn hatte, sondern es ist der »demokratische Sozialismus«, den er für unvereinbar mit wirtschaftlicher Freiheit hielt, da er dazu neigen würde, den Bürgern die Präferenzen der Mehrheit aufzunötigen. Beispiele für die Beschneidung individueller Freiheit durch den Staat sind für Friedman etwa die Rentenpflichtversicherung, die Wehrpflicht und das Erfordernis staatlicher Zulassung für bestimmte Berufe – etwa den des Arztes. Insbesondere auch die Korrektur der Einkommens- und Vermögensverteilung durch progressive Steuertarife hielt Friedman nicht nur – aufgrund zahlreicher Steuerschlupflöcher und -vergünstigungen – für unwirksam, sondern auch für ethisch nicht gerechtfertigt.

> The ethical principle that would directly justify the distribution of income in a free market society is »To each according to what he and the instruments he owns produces.«... the essential function of payment in accordance with product is to enable resources to be allocated efficiently ... graduated taxation solely to redistribute income ... seems a clear case of using coercion to take from some in order to give to others and thus to conflict head-on with individual freedom.[71]

Auch was die Erbschaftsteuer angeht, ist Friedman dezidiert anderer Meinung als Simons. Wenn jemand es vorzieht, sein Vermögen seinen Erben zu hinterlassen, anstatt es zu Lebzeiten zu verprassen, sei das seine freie Entscheidung, und Vermögen zu erben sei nicht anders, als z. B. von den Eltern eine besondere Stimme zu erben, die ein hohes Einkommen ermöglicht. Wie Simons lehnt Friedman auch die Verzerrung von Marktpreisen durch Zölle ab und wie er sieht er Monopole als ein Hauptproblem, das einer freien Marktwirtschaft im Wege steht. Obwohl auch Friedman einräumt, dass mitunter aus technologischen Gründen die Bereitstellung eines Gutes durch nur ein Unternehmen – also ein Monopol – effizienter sein kann als die Bereitstellung durch mehrere konkurrierende Unternehmen – das Telefonnetz ist 1962 noch ein geeignetes Beispiel, das Friedman anführt –, hält er in solchen Fällen private Monopole für »das kleinere Übel«. Auch Nationalparks und Fernstraßen mit Nutzungsgebühren sollten nach Friedman nicht vom Staat, sondern von privaten Unternehmen betrieben werden.

Und zwar von privaten Unternehmen, die den Gewinn zu maximieren versuchen. In einem 1970 im *New York Times Magazine* erschienenen Beitrag stellt Friedman unmissverständlich fest: »The social responsibility of business is to increase its profits … so long as it stays within the rules of the game«. Geschäftsleute, die der Unternehmenstätigkeit über den Gewinn hinausgehende »soziale« Zwecke zuschrieben, würden »pure and unadulterted socialism« predigen. Jedenfalls der Manager einer Kapitalgesellschaft sei bloß ein Angestellter der Eigentümer des Unternehmens und hätte daher in deren Interesse zu handeln. Würde er z. B. die Umwelt weniger verschmutzen, als es im Interesse der Eigentümer ist oder vom Gesetz vorgeschrieben wird, so würde er fremdes Geld verschenken. Allenfalls dann, wenn es letztlich der Gewinnerzielung dient, etwa, indem es die Reputation des Unternehmens steigert, dürfe der Manager Geld des Unternehmens auf eine Weise ausgeben, die er der Öffentlichkeit gegenüber als »sozial verantwortlich« darstellen kann.

Der zweiten Generation der Chicago School zuzurechnen ist neben Stigler und Friedman auch Ronald Coase (1910–2013), der die Existenz von hierarchischer Organisation innerhalb von Firmen auf »Transaktionskosten« zurückführte, die es verhinderten, dass alle Transaktionen innerhalb einer Firma über kompetitive Märkte erfolgen.[72] Bekannt ist er auch für seine als »Coase-Theorem« bekannte Aussage, dass immer dann, wenn ein Unternehmen durch seine Produktionsentscheidung andere – z. B. durch Schadstoffemissionen – schädigt, durch Verhandlungen zwischen dem Unternehmen und den Geschädigten eine »optimale« bzw. Pareto-effiziente Situation der Beteiligten erreicht werden kann – falls Verfügungsrechte geklärt sind, die Beteiligten über vollständige Information verfügen und keine »Transaktionskosten« die Verhandlung erschweren.[73]

Zur »dritten Generation« gerechnet werden etwa Arnold Harberger (1924-), dessen grafische Darstellung von Wohlfahrtsverlusten durch Monopole und Preisobergrenzen auf Marshalls Konsumentenrente zurückgreift und bis zum heutigen Tage in Lehrbüchern der Volkswirtschaftslehre reproduziert wird, sowie Gary Becker (1930–2014), Merton Miller (1923–2000), Eugene Fama (1939-) und Robert Lucas (1937–2023). Insbesondere auf den Letzteren werden wir noch zurückkommen – ebenso wie auf die Tatsache, dass Friedman, Stigler, Coase, Becker, Miller, Fama und Lucas sämtlich durch den Nobelpreis für Wirtschaftswissenschaften »geadelt« wurden.

Nach dem Zweiten Weltkrieg waren noch weitere spätere Nobelpreisträger, auf die wir ebenfalls zu sprechen kommen werden, an der Universität Chicago tätig. Kenneth Arrow (1921–2017) und Gerard Debreu (1921–2004) in der »Cowles Commission for Research in Economics« und Friedrich Hayek (1899–1992) im »Committee on Social Thought«. Die Commission und das Committee waren beides privat finanzierte Forschungsinstitute, deren Mitglieder in mehr oder weniger regem Austausch mit den Mitgliedern der volkswirtschaftlichen Fakultät standen. Allerdings gab es auch beträchtliche Meinungsverschiedenheiten. Politisch teilten Hayek, Knight, Stigler und Friedman die Überzeugung, dass staatliche Eingriffe in den Wirtschaftsablauf, wie sie von Keynes propagiert wurden, die Freiheit des Einzelnen beschneiden und das effiziente Wirken von Wettbewerb und Marktpreisen stören, wenn nicht zerstören würden. Gemeinsam gründeten sie 1947 die Mont Pèlerin Society, die »liberale« Ideen diskutieren und propagieren würde. Wenig überzeugend dagegen fanden die Mitglieder der Fakultät Hayek als Wirtschaftstheoretiker.[74] Hayek seinerseits stand dem »Szientismus« seiner wirtschaftswissenschaftlichen Kollegen mehr als skeptisch gegenüber.

Die Mitglieder der Cowles Commission standen politisch eher »links« und ihre Arbeiten waren den meisten Mitgliedern der Fakultät zu abstrakt und mathematisch.[75]

6. Ein alternatives Forschungsprogramm?
Keynes und der Keynesianismus

Auf der anderen Seite des Atlantiks, in Cambridge, England, hatte John Maynard Keynes (1883–1946), Schüler von Marshall und Pigou, bereits 1926 »The End of Laissez Faire« verkündet:

> The world is *not* so governed from above that private and social interest always coincide. It is *not* so managed here below that in practice they coincide. It is *not* a correct deduction from the Principles of Economics that enlightened self-interest always operates in the public interest.[76]

Zehn Jahre später, 1936, also im Abflauen der Weltwirtschaftskrise, aber durch diese motiviert, legte der als Theoretiker und wirtschaftspolitischer Berater bereits weithin hoch angesehene Keynes dann mit seiner *General Theory of Employment, Interest and Money* ein Werk vor, das zu den »einflussreichsten und am schwersten verständlichen« Büchern der neueren Volkswirtschaftslehre gerechnet worden ist.[77] Jenseits aller Probleme der Interpretation, die bis heute die Epigonen beschäftigen, wird darin eine Theorie entwickelt, die – im Unterschied zum Modell des vollkommenen Wettbewerbs – ein Gleichgewicht bei Vollbeschäftigung als Spezialfall darstellt, der sich keineswegs stets von alleine einstellt. Keynes argumentierte auf der Grundlage seiner neuartigen Theorie, dass bei anhaltender Arbeitslosigkeit eine Erhöhung der Staatsausgaben die Arbeitslosigkeit bekämpfen kann, und befürwortete die Finanzierung eines solchen Beschäftigungsprogramms durch staatliche Kreditaufnahme. Diese Auffassung hatte er bereits seit Anfang der Weltwirtschaftskrise vertreten[78] und unter dem Eindruck der Krise fand er rasch bei vielen Ökonomen Anhänger, die ihrerseits die Politiker zu überzeugen begannen. In den USA hatte Präsident Roosevelt mit seinem »New Deal« genannten Ausgabenprogramm die keynesianische Fiskalpolitik bereits vorweggenommen. Auch Aufrüstung und Autobahnen der Nationalsozialisten in Deutschland konnten als erfolgreiches Beschäftigungsprogramm angesehen werden.

Keynes war davon überzeugt, dass seine Theorie die Wirtschaftswissenschaft im Laufe der nächsten Jahrzehnte revolutionieren würde[79] – und zunächst schien er Recht zu behalten. Nicht nur, dass es viel Zustimmung zu seinen Politikempfehlungen gab; seine Argumentation anhand von gesamtwirtschaftlichen Aggregatgrößen trug zur Entstehung der »Makroökonomie« als Teildisziplin der Volkswirtschaftslehre bei und es entstand das heute wie selbstverständlich verwendete System der volkswirtschaftlichen Gesamtrechnung; Sozialprodukt bzw. Volkseinkommen und seine Bestandteile wurden nach und nach weltweit durch statistische Ämter erhoben und veröffentlicht. »Wirtschaftswachstum« bedeutet seitdem Wachstum des Bruttosozialprodukts. Auch der Ökonometrie, die vermutete Zusammenhänge zwischen ökonomischen Größen anhand von erhobenen Daten statistisch zu schätzen versucht, gab die Argumentation anhand von »Makrodaten« gewaltigen Auftrieb.

Zur Verbreitung der »keynesianischen« Ideen trug nicht zuletzt bei, dass John R. Hicks (1904–1989) eine Interpretation der Keynes'schen Theorie vorschlug, die sich in einem einfachen zweidimensionalen Diagramm darstellen ließ.[80] Hicks nahm dafür an, dass die gesamtwirtschaftliche Nachfrage sich aus privater Konsumnachfrage C, privater Investitionsnachfrage I, und Staatsausgaben G zusammensetzt[81] und das Sozialprodukt Y in Höhe der Gesamtnachfrage erstellt wird:

$$Y = C(Y) + I(i) + G \tag{3}$$

Hierbei ist angenommen, dass die Konsumnachfrage $C = C(Y)$ eine zunehmende Funktion des Sozialprodukts ist, während die privaten Investitionen $I = I(i)$ eine abnehmende Funktion des Zinssatzes i sind. Da das Sozialprodukt, von dem die Konsumnachfrage abhängt, nicht dem Sozialprodukt entsprechen muss, das infolge der Nachfrage erst entsteht, lässt sich (3) auch als »Gleichgewichtsbedingung für den Gütermarkt« interpretieren, die im i-Y-Diagramm eine fallende Kurve definiert. Sie wird als

»IS-Kurve« bezeichnet, da sich (3) auch als Gleichheit von Investition I und Ersparnis S deuten lässt.

Angenommen wird ferner, dass die Geldmenge M der Geldnachfrage $L(Y, i)$ entspricht:

$$M = L(Y, i) \tag{4}$$

Wird von der Geldnachfrage angenommen, dass sie mit zunehmendem Sozialprodukt Y wächst, mit zunehmendem Zinssatz i dagegen abnimmt, definiert (4) einen Zusammenhang zwischen i und Y, der sich durch eine ansteigende Kurve – LM-Kurve genannt – darstellen lässt (Abb. 3).

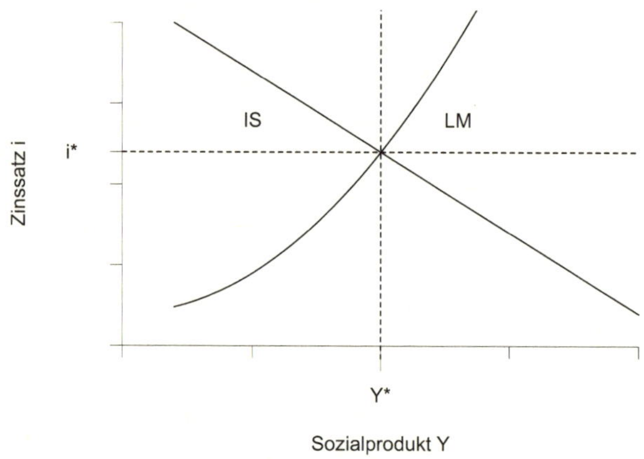

Abb. 3: Das Hicks'sche IS-LM-Modell

Im Modell wird nun argumentiert, dass sich sowohl auf dem »Gütermarkt« als auch auf dem »Geldmarkt« ein Gleichgewicht einstellen wird, so dass Zinssatz und Sozialprodukt die Werte i* und Y* annehmen. Herrscht Arbeitslosigkeit, ist also die – im Diagramm nicht unmittelbar repräsentierte – Beschäftigung zu niedrig, kann der Staat den Zustand durch geeignete Fiskalpolitik verändern: Eine Steigerung der Staatausgaben G verschiebt die IS-Kurve nach rechts. Aber auch Geldpolitik kann wirksam sein, da eine Geldmengenerhöhung die LM-Kurve nach rechts verschiebt. In beiden Fällen weist das resultierende neue Gleichgewicht ein höheres Sozialprodukt auf – was dann auch eine höhere Nachfrage nach Arbeit und damit höhere Beschäftigung bedeutet.

Es muss kaum betont werden, dass das IS-LM-Modell viele Fragen aufwirft. Was z. B. passiert mit den Güterpreisen? Was mit den Löhnen? Verändern sich nicht auch die Erwartungen von Konsumenten und Investoren? Bleiben die Zusammenhänge gültig, wenn Außenhandel, wenn in- und ausländische Kapitalmärkte einbezogen werden? Ungeachtet solcher Fragen, die zu mannigfachen Modellerweiterungen Anlass gaben, wurde der Keynesianismus nach dem Zweiten Weltkrieg zur »herrschenden Lehre« und das IS-LM-Modell fand Einzug in die Lehrbücher der mittlerweile an den Universitäten als Wissenschaft etablierten Volkswirtschaftslehre.

Unter dem Einfluss des Keynesianismus wurden Staatseingriffe in den Wirtschaftsablauf allmählich zur Routine. Eine »mixed economy« vereinte Marktwirtschaft mit Staatseingriffen in Großbritannien unter der Labour-Regierung von Clement Attlee; im Nachkriegsfrankreich begann der »dirigisme« unter Charles de Gaulle mit Verstaatlichungen. In Deutschland setzte sich ebenfalls, wenn auch mit etwas Verzögerung, die keynesianische Theorie durch und mündete schließlich in das 1967 verabschiedete »Stabilitäts- und Wachstumsgesetz«. Nicht zuletzt der »Systemwettbewerb« zwischen der sozialistischen Planwirtschaft des Ostblocks und den demokratischen Marktwirtschaften des Westens führte auch zu einem Ausbau des Sozialstaats im Westen. In der »sozialen Marktwirtschaft« Deutschlands etwa führte die konservative Regierung unter Adenauer 1956 die unbefristete, aus Steuermitteln finanzierte Arbeitslosenhilfe ein. Der Anteil der Staatsausgaben am Sozialprodukt stieg in den OECD-Ländern zwischen 1950 und 1980 nach und nach von 25 % auf über 40 %.

Die Zeit zwischen 1945 und 1973 war in vielen westlichen Ländern nicht nur von starkem staatlichem Einfluss auf das Wirtschaftsgeschehen geprägt, sondern sie war auch eine Zeit hoher Wachstumsraten. Nicht nur in Deutschland wurde sie als »Wirtschaftswunder« bezeichnet. Auch Spanien hatte sein »milagro Español« und Italien sein »miracolo economico Italiano«. In Frankreich sind die drei Nachkriegsjahrzehnte als »les trente glorieuses« bekannt.

Der Nachkriegsboom fand allerdings ein jähes Ende mit der Ölkrise von 1973 und es stellte sich in den 1970er Jahren mit steigender Arbeitslosigkeit und gleichzeitig steigendem Preisniveau ein »Stagflation« genanntes Problempaar ein, das sich mit keynesianischen Mitteln anscheinend nicht lösen ließ. Milton Friedman, Friedrich Hayek und andere Kritiker der keynesianischen Theorie, die von einer »mixed economy« nichts hielten und zunehmende staatliche Interventionen in die Marktwirtschaft schon immer als Indiz für den Weg in die sozialistische Planwirtschaft sowjetischer Prägung gehalten hatten, fanden zunehmend Gehör.

In ihrer Kritik am Keynesianismus unterschieden sich Hayek und Friedman allerdings grundlegend. Für Hayek war die ganze Idee der Makroökonomik, die von im Grunde stabilen funktionalen Zusammenhängen zwischen ökonomischen Aggregatgrößen ausging, nichts anderes als szientistische Anmaßung von Wissen, »pretence of knowledge«, wie der Titel seines Nobelpreis-Vortrags von 1974 lautete:

> The theory which has been guiding monetary and financial policy during the last thirty years, ... consists in the assertion that there exists a simple positive correlation between total employment and the size of the aggregate demand for goods and services; it leads to the belief that we can permanently assure full employment by maintaining total money expenditure at an appropriate level ... I ... regard it as fundamentally false, and to act upon it, ... as very harmful.[82]

Friedmans »Monetarismus« dagegen hatte keine Einwände gegen die Verwendung »makroökonomischer« Funktionen wie in (3) und (4), die unterstellen, dass der Zusammenhang zwischen z. B. der aggregierten Konsumnachfrage und dem Sozialprodukt durch eine Funktion beschrieben werden kann. Er zog es jedoch vor, »reale« Aggregatgrößen zu verwenden, die sich aus den entsprechenden nominalen ergeben, indem einfach durch einen Preisindex P dividiert wird. Vom so verstandenen »realen Sozialprodukt« $y=Y/P$ wurde angenommen, dass es sich durch die walrasianischen Gleichungen des allgemeinen Gleichgewichts bestimmen lässt.[83] Die zentrale Folgerung war, dass das »Preisniveau« durch eine Steuerung der Geldmenge M stabilisiert werden könnte.

Auch Robert Lucas, 25 Jahre jünger als Friedman und 1995 mit dem Nobelpreis für Wirtschaftswissenschaften ausgezeichnet, nahm auf das walrasianische Modell des allgemeinen Gleichgewichts Bezug, unter anderem mit dem folgenden Hayek-Zitat:

> [T]he incorporation of cyclical phenomena into the system of economic equilibrium theory, with which they are in apparent contradiction, remains the crucial problem of Trade Cycle Theory; ... By ›equilibrium theory‹ we here primarily understand the modern theory of the general interdependence of all economic quantities, which has been most perfectly expressed by the Lausanne School of theoretical economics.[84]

Der scheinbare Widerspruch zwischen der Annahme einerseits, dass das walrasianische Gleichgewichtsmodell im Wesentlichen die Wirtschaft adäquat beschreibt, und dem Auftreten von Konjunkturschwankungen andererseits wurde »aufgelöst«, indem stochastische »Störterme« in das makroökonomische Modell aufgenommen wurden, und es erhielt eine »mikroökonomische Fundierung«, indem die Gleichungen des Modells, die Aggregatgrößen und Indices miteinander in Beziehung setzen, aus dem Optimierungskalkül eines fiktiven »repräsentativen Haushalts« bzw. einer »repräsentativen Unternehmung« mit sogenannten »rationalen Erwartungen« abgeleitet wurden. Die stochastischen Gleichungen ließen sich dann mittels ökonometrischer Methoden an die Daten der volkswirtschaftlichen Gesamtrechnung mehr oder weniger gut anpassen. Aggregationsprobleme, die Keynesianer wie Lawrence Klein (1920–2013) noch beschäftigt hatten,[85] wurden – und werden bis heute – von den »neuklassischen« Ökonomen geflissentlich ignoriert – ungeachtet der Tatsache, dass konsistente Aggregation nur unter sehr restriktiven Bedingungen möglich ist.[86]

Frank Hahn (1925–2013) beschrieb daher den Monetarismus der »Lucasianer« als

> ... the doctrine that the perfectly competitive economy in Walrasian equilibrium is adequately descriptive of the world we live in

> and that the model itself can be treated roughly enough to survive the coarse-grained hands of econometricians.[87]

Jedenfalls war für den »mainstream« der Volkswirte in den späten 1970er Jahren die »Keynesianische Revolution« weitgehend entschärft und in die »neue klassische Makroökonomie« integriert.

7. Axiomatisierung eines Modells
Arrow und Debreu

Während die Wirtschaftswissenschaftler in der ersten Hälfte des 20. Jahrhunderts sich allmählich an den Gebrauch der Differentialrechnung gewöhnt hatten, fand in der Mathematik ein gewaltiger Umbruch statt. Auf Georg Cantors Mengenlehre aufbauend, hatten Arbeiten von Felix Hausdorff, Kazimierz Kuratowski und anderen die mengentheoretische Topologie begründet und Ernst Zermelo und Abraham Fraenkel war es um 1930 gelungen, eine Axiomatisierung der Mengenlehre vorzulegen, auf deren Grundlage sich praktisch die gesamte Mathematik aufbauen ließ. Dies im Einzelnen nachzuweisen unternahm ein Kreis von französischen Mathematikern unter dem kollektiven Pseudonym »Bourbaki« in einem vielbändigen Werk, das ab 1939 unter dem an Euklids *Elemente* angelehnten Titel *Éléments de Mathématique* erschien.

Gerard Debreu hatte in Paris bei Henri Cartan, einem Mitglied des Bourbaki-Kreises, studiert, bevor er 1950 eine Forschungsstelle in der Cowles Commission an der Universität Chicago antrat, wo er auf Kenneth Arrow traf, der seinerseits bei den Mathematikern Harold Hotelling und Abraham Wald studiert hatte und wie Debreu mit der modernen Mathematik vertraut war. Unter völligem Verzicht auf Differentialrechnung konnten Arrow und Debreu in der Sprache von Vektormengen das – später dann nach ihnen benannte – Modell einer kompetitiven Volkswirtschaft mit Privateigentum entwickeln, für das sie die von Walras und Pareto aufgeworfenen Probleme der Existenz und Effizienz eines allgemeinen, durch Preise gesteuerten Marktgleichgewichts mathematisch einwandfrei lösen konnten. Ihr berühmter Aufsatz erschien 1954 in der *Econometrica*[88] und das Modell wurde von Debreu samt aller benötigten Mathematik in einem fünf Jahre später erschienenen Büchlein von nicht einmal 120 Seiten in »axiomatischer« Form dargestellt, d. h. »with the standards of rigor of the contemporary formalist school of mathematics«.[89]

Zwischen den Mitgliedern der Cowles Commission und denen der Chicago School herrschte zwar Austausch und nach Debreus Urteil enthielt Knights Charakterisierung des vollkommenen Wettbewerbs alle wesentlichen Elemente des allgemeinen Gleichgewichtsmodells.[90] Aber die neuartige Mathematik, die in der Cowles Commission ausgiebig verwendet wurde, war den älteren Mitgliedern der Chicago School zu »abstrakt« und »formal«. Sie arbeiteten weiterhin mit partialanalytischen Methoden à la Marshall, benutzten gelegentlich einfache Differentialrechnung oder begnügten sich mit rein verbaler Argumentation.

Dem heutigen Leser, der ja mit elementarer Mengenlehre aus dem Schulunterricht vertraut ist, lässt sich das Vorgehen von Arrow und Debreu jedoch verhältnismäßig leicht erläutern.[91] Dafür ist wenig mehr als der Begriff des Vektors und des Skalarprodukts zweier Vektoren erforderlich. Ein Vektor, so wird der Leser sich aus dem Schulunterricht ebenfalls erinnern, ist nichts anderes als eine Liste von Zahlen. Geht man davon aus, dass es in der darzustellenden Volkswirtschaft eine – große, aber endliche – Anzahl G von Gütern gibt, die man sich von 1 bis G durchnummeriert denkt, so lässt sich der »Konsumplan« eines Haushalts h durch einen G-stelligen Vektor x^h darstellen:

$$x^h = \left(x_1^h, x_2^h, \ldots, x_G^h\right) \tag{5}$$

Hier bezeichnet jedes x_g^h die vom Haushalt h konsumierte Menge des g-ten Gutes. Sind die Preise der G Güter in einem entsprechenden Preisvektor

$$p = (p_1, p_2, \ldots, p_G) \tag{6}$$

aufgelistet, so lässt sich der Wert des »Güterbündels« x^h offenbar leicht berechnen. Er wird als Skalarprodukt der Vektoren p und x^h bezeichnet und einfach als px^h geschrieben:

$$px^h = p_1x_1^h + p_2x_2^h + \ldots + p_Gx_G^h. \tag{7}$$

Das Modell geht nun davon aus, dass jeder Haushalt h über bestimmte Mengen einiger Güter verfügt – bevor Transaktionen stattfinden. Diese »Anfangsausstattung« ist Privateigentum des h und lässt sich ebenfalls durch einen Vektor angeben:[92]

$$e^h = \left(e_1^h, e_2^h, \ldots, e_G^h\right) \tag{8}$$

Natürlich werden die meisten e_g^h gleich Null sein, aber auch die Anfangsausstattung hat einen Wert:

$$pe^h = p_1 e_1^h + p_2 e_2^h + \ldots + p_G e_G^h. \tag{9}$$

Da zu den Gütern auch Arbeits- und Dienstleistungen gerechnet werden, bezeichnen einige der e_g^h auch die Arbeit einer bestimmten Art, die der Haushalt h maximal erbringen kann. Ein Konsumplan x^h beinhaltet damit auch die Freizeit, die der Haushalt h sich leistet, falls er den Plan x^h ausführt. Ist etwa e_g^h eine solche dem Haushalt h maximal zur Verfügung stehende Arbeitszeit, steht die Differenz $e_g^h - x_g^h$ dem Haushalt zur Verfügung, um sie Firmen als Arbeitsinput oder anderen Haushalten als Dienstleistung anbieten zu können.[93]

Alle Konsumpläne, die Haushalt h ausführen könnte, falls er über ein ausreichendes Vermögen verfügen würde, werden zur Konsummöglichkeitenmenge X^h zusammengefasst und die Präferenzen des h werden durch eine Relation $\succsim^h$ beschrieben, so dass für je zwei Elemente x^h, $\bar{x}^h$aus X^h entweder $x^h \succsim^h \bar{x}^h$ oder $\bar{x}^h \succsim^h x^h$ gilt – oder beides. Interpretiert wird $x^h \succsim^h \bar{x}^h$ als »x^h ist aus der Sicht von h wenigstens so gut wie $\bar{x}^h$«.

Außer H Haushalten, von 1 bis H durchnummeriert, gibt es im Arrow-Debreu-Modell noch F Firmen, von 1 bis F durchnummeriert. Die Firma f ist dabei durch eine Produktionsmöglichkeitenmenge Y^f charakterisiert, d. h. eine Menge von Produktionsplänen der Form

$$y^f = \left(y_1^f, y_2^f, \ldots, y_G^f\right), \tag{10}$$

wobei ein positives y_g^fangibt, dass Firma f diese Menge des g-ten Gutes als Output produziert, während ein negatives y_g^f bedeutet, dass die Firma die Menge $-y_g^f$ als Input im Produktionsprozess einsetzt. Aufgrund der Vorzeichenkonvention ist dann py^f der Profit von Firma f – falls sie bei Preisen p den Produktionsplan y^f ausführt. Die Produktionsmöglichkeitenmenge Y^f der Firma f soll alle diejenigen Produktionspläne enthalten, die die Firma aufgrund ihres technologischen Wissens realisieren könnte.

Schließlich wird angenommen, dass jede Firma im Besitz von Haushalten ist, an die sie etwaige Gewinne ausschüttet. Repräsentiert wird dies durch Zahlen a_{hf} aus dem Intervall von Null bis Eins, die jeweils den Anteil am Profit der Firma f angeben, der dem Haushalts h zufließt.

Damit sind alle Bestandteile des Modells beschrieben. À la Debreu kann man definieren:

Eine Struktur

$$E = \left(\left(X^h, \succsim^h, e^h \right)_{h=1,\dots,H}, \left(Y^f \right)_{f=1,\dots,F}, \left(a_{hf} \right)_{\substack{h=1,\dots,H \\ f=1,\dots,F}} \right) \tag{11}$$

heißt Ökonomie mit Privateigentum, falls

a) $X^h \subset \mathbb{R}^G_+$ *für h=1, …, H;*

b) $\succsim^h$ *ist eine vollständige Präordnung*[94] *auf* X^h, *für h=1, …, H;*

c) $e^h \in \mathbb{R}^G_+$ *für h=1, …, H;*

d) $Y^f \subset \mathbb{R}^G$ *für f=1, …, F;*

e) $0 \leq a_{hf} \leq 1$ *für h=1, …, H und f=1, …, F;*

f) $\sum_{h=1}^H a_{hf} = 1$ *für f=1, …, F.*

Für eine solche Ökonomie E kann man eine *Allokation* definieren als Spezifikation eines Konsumplans $x^h \in X^h$ für jeden Haushalt h und eines Produktionsplans $y^f \in Y^f$ für jede Firma f. Eine solche Allokation lässt sich also beschreiben durch einen langen Vektor α von $(H + F) \cdot G$ Zahlen:

$$\alpha = \left(x^1, \dots, x^H; y^1, \dots, y^F \right) \tag{12}$$

Eine Allokation heißt *realisierbar*, falls der aggregierte Konsum x gleich der aggregierten Produktion y plus den aggregierten Anfangsausstattungen e ist, also falls x=y+e, wobei

$$x = \sum_{h=1}^{H} x^h, y = \sum_{f=1}^{F} y^f, und\ e = \sum_{h=1}^{H} e^h. \tag{13}$$

Die Addition von Vektoren erfolgt dabei koordinatenweise.[95] Der Vektor e etwa listet die anfangs in der Ökonomie insgesamt vorhandenen Ressourcenbestände auf.

Bezeichnet man

$$z = x - y - e \tag{14}$$

als (aggregierte) Überschussnachfrage, sind also genau diejenigen Allokationen für eine Ökonomie E realisierbar, bei denen $z = \mathbf{0}$. Die fette Null soll daran erinnern, dass es sich hier um Vektoren handelt: $\mathbf{0} = (0, 0, 0, \ldots, 0)$. Bei einer realisierbaren Allokation ist die Überschussnachfrage nach *jedem* Gut gleich null – nur dann kann jeder individuelle Konsum- bzw. Produktionsplan auch ausgeführt werden.

Nimmt man an, dass es bei vollkommener Konkurrenz Preise p gibt, die von allen Haushalten und Firmen als gegeben betrachtet werden, so bedeutet die Annahme der Gewinnmaximierung, dass jede Firma f einen Produktionsplan aus der Menge

$$M^f(p) = \left\{ y^f \in Y^f \mid py^f \geq p\bar{y} \textit{ für alle } \bar{y} \in Y^f \right\} \tag{15}$$

wählen wird.

Nimmt man an, dass jeder Haushalt h nur einen solchen Konsumplan wählen kann, den er sich aufgrund seiner Anfangsausstattung e^h und seiner etwaigen Firmenanteile a_{hf} bei den gegebenen Preisen p leisten kann, so bedeutet dies, dass er aus der folgenden »Budgetmenge« wählen muss:

$$B^h(p) = \left\{ x^h \in X^h \mid px^h \leq pe^h + \sum_{f=1}^{F} a_{hf} py^f, \text{ wobei } y^f \in M^f(p) \textit{ für } f = 1, \ldots, F \right\} \tag{16}$$

Die Annahme, dass jeder Haushalt h einen meistpräferierten Plan aus $B^h(p)$ wählt, bedeutet, dass er einen Plan aus

$$N^h(p) = \left\{ x^h \in B^h(p) \mid x^h \succsim^h \bar{x} \text{ für alle } \bar{x} \in B^h(p) \right\} \tag{17}$$

wählen wird.

Die genannten Annahmen gehen in die folgende Definition eines Gleichgewichts ein:

Ein Gleichgewicht für E besteht aus einer Allokation

$$\alpha = \left(x^1, \ldots, x^H; y^1, \ldots, y^F\right) \tag{18}$$

und einem Preisvektor p, so dass die folgenden drei Bedingungen erfüllt sind:

a) α *ist realisierbar;*

b) $x^h \in N^h(p)$ *für h=1, …, H;*

c) $y^f \in M^f(p)$ *für f=1, …, F.*

Anhand der Definitionen (15), (16), und (17) kann man sich leicht überzeugen, dass es weder für die meistpräferierten Konsumpläne noch für die gewinnmaximierenden Produktionspläne eine Rolle spielt, in welchen Einheiten die Preise notiert werden: Weder $N^h(p)$ noch $M^f(p)$ ändern sich, wenn man alle Preise mit derselben positiven Zahl k multipliziert. Für jedes k>0 ist also $N^h(kp) = N^h(p)$ und $M^f(kp) = M^f(p)$. Daraus folgt, dass immer dann, wenn (α, p) ein Gleichgewicht ist, dies auch für (α, kp) gilt. Mit anderen Worten: Es kommt für ein Gleichgewicht nur auf die Preisverhältnisse bzw. relativen Preise an.

Der Existenzsatz, den Arrow und Debreu unter Verwendung eines tiefliegenden Fixpunktsatzes[96] beweisen konnten, besagt, dass unter bestimmten Bedingungen ein Gleichgewicht existiert. Diese Bedingungen beinhalten z. B. die Konvexität der Produktionsmöglichkeitenmengen Y^f, die Repräsentierbarkeit der Präferenzen durch stetige Nutzenfunktionen und manches andere mehr. Sie müssen hier nicht alle im Einzelnen erläutert werden, aber es sei darauf hingewiesen, dass die Konvexitätsannahmen bestimmte Technologien ausschließen, nämlich solche mit »zunehmenden Skalenerträgen«. Da Technologien mit dieser Eigenschaft mögliche Ursachen von Monopolmärkten sind, werden wir hierauf noch zu sprechen kommen.

Jedenfalls gilt die Arbeit von Arrow und Debreu in zweierlei Hinsicht bis heute als bedeutender Fortschritt gegenüber der Behandlung des Gleichgewichtsproblems etwa bei Walras oder Pareto. Zum einen im Hinblick auf die Präzision der Annahmen und die Stringenz der Argumentation, zum anderen aber auch, da das Arrow-Debreu-Modell (im Folgenden: AD-Modell) in mancherlei

Hinsicht viel allgemeiner ist als etwa das Modell vollkommener Konkurrenz bei Pareto oder bei Knight. Insbesondere kommt es ohne die schwerlich zu begründende Annahme differenzierbarer Funktionen aus, zum anderen ohne die Annahme, dass Nutzen- oder Gewinnmaximierung stets eine eindeutige Lösung besitzt; weder muss im AD-Modell die Menge der Güter in Produktionsmittel bzw. -faktoren einerseits und Konsumgüter andererseits zerlegt werden, noch muss davon ausgegangen werden, dass jedes Unternehmen nur ein Gut produziert. Denn natürlich finden manche Güter sowohl als Konsumgut als auch als Produktionsmittel Verwendung, es hängt oft von den Marktpreisen ab, welche Güter ein Unternehmen produziert, und die meisten Unternehmen produzieren nicht nur ein Gut.

Diese mehrfache Überlegenheit des AD-Modells gegenüber der älteren Theorie trug zweifellos dazu bei, dass es beginnend in den 1960er Jahren nach und nach in die Lehrbücher der Volkswirtschaftslehre und damit in die Weltbilder der jüngeren Wirtschaftswissenschaftler Einzug hielt. Es enthält ja eine genaue und detaillierte Beschreibung der häufig als »fundamental« angesehenen Charakteristika einer Volkswirtschaft: Die Präferenzen aller Konsumenten sind darin beschrieben, die Technologien aller Unternehmen, die vorhandenen Ressourcen und die Eigentumsverhältnisse.

Nicht zuletzt dürfte zur Verbreitung des AD-Modells aber auch beigetragen haben, dass sich das sogenannte »erste Fundamentaltheorem der Wohlfahrtstheorie« im AD-Modell sehr einfach nachweisen lässt. Aufgrund seiner besonderen Bedeutung für das neoliberale Paradigma – und damit für unsere Argumentation – wollen wir das Theorem hier nochmals genau formulieren, ihm allerdings einen weniger prätentiösen Namen geben.

Pareto-Theorem: Ist

$$E = \left(\left(X^h, \succsim^h, e^h \right)_{h=1,\ldots,H}, \left(Y^f \right)_{f=1,\ldots,F}, \left(a_{hf} \right)_{\substack{h=1,\ldots,H \\ f=1,\ldots,F}} \right)$$

eine Ökonomie mit Privateigentum und bildet die Allokation $\alpha = (x^1, \ldots, x^H; y^1, \ldots, y^F)$ mit dem Preisvektor p ein Gleichgewicht, so gibt es keine realisierbare Allokation $\bar{\alpha} = (\bar{x}^1, \ldots, \bar{x}^H; \bar{y}^1, \ldots, \bar{y}^F)$, die von allen Haushalten der Gleichgewichtsallokation α vorgezogen wird.

Der Beweis ist so einfach, dass er hier skizziert werden kann. Es ist ein indirekter Beweis, bei dem man annimmt, dass das Theorem nicht gilt, und nachweist, dass diese Annahme einen Widerspruch impliziert. Man nimmt also an, dass die Allokation $\alpha = (x^1, \ldots, x^H; y^1, \ldots, y^F)$ mit dem Preisvektor p ein Gleichgewicht bildet, aber dass es eine alternative realisierbare Allokation $\bar{\alpha} = (\bar{x}^1, \ldots, \bar{x}^H; \bar{y}^1, \ldots, \bar{y}^F)$ gibt, die von allen Haushalten der Gleichgewichtsallokation α vorgezogen wird, d. h., dass $\bar{x}^h \succ^h x^h$ für jeden Haushalt h gilt. Dies bedeutet, dass $\bar{x}^h$ wenigstens so gut für h ist wie x^h, aber nicht umgekehrt. Daraus folgt, dass $\bar{x}^h$ nicht zur Budgetmenge $B^h(p)$ gehören kann, d. h. dass Haushalt h sich $\bar{x}^h$ bei den Gleichgewichtspreisen p nicht leisten kann:

$$p\bar{x}^h > pe^h + \sum_{f=1}^{F} a_{hf}py^f \text{ für alle } h = 1, \ldots, H.$$

Addiert man diese H Ungleichungen, erhält man

$$p\sum_{h=1}^{H} \bar{x}^h > p\sum_{h=1}^{H} e^h + p\sum_{h=1}^{H}\sum_{f=1}^{F} a_{hf}y^f$$

was aufgrund der Bedingung f) in der Definition einer Ökonomie mit Privateigentum bedeutet, dass

$$p\bar{x} > pe + py$$

oder:

$$p\bar{x} - pe > py.$$

Da die Allokation $\bar{\alpha}$ aber realisierbar ist, also $\bar{x} - e = \bar{y}$ gilt, folgt

$$p\bar{y} > py.$$

Dann muss aber für wenigstens eine Firma f gelten, dass $p\bar{y}^f > py^f$, was bedeutet, dass y^f bei Preisen p nicht den Gewinn maximiert. Dies steht aber im Widerspruch zur Annahme, dass y^f zur bei Preisen p gleichgewichtigen Allokation α gehört.

Damit ist für das AD-Modell bewiesen, dass jede gleichgewichtige Allokation Pareto-effizient ist, d. h., es gibt keine alternative realisierbare Allokation, die ihr von allen Haushalten vorgezogen wird.

Man darf nicht unterschätzen, wie sehr die Ermöglichung derart einfacher Beweise für Theoreme, die sonst eine viel umständlichere Beweisführung erfordern, zur Verbreitung des AD-Modells beigetragen hat – insbesondere, da das bewiesene Theorem die These von der unsichtbaren Hand auszudrücken scheint. Kann es doch »gelesen« werden als die Aussage, dass vollkommener Wettbewerb auf allen Märkten zu einer gesellschaftlich optimalen Allokation führt.

Aus einer ganzen Reihe von Gründen ist aber diese Lesart des Theorems irreführend.

1) Wir haben bereits gesehen, dass Pareto-Effizienz nicht als »gesellschaftliche Optimalität« gedeutet werden kann.

Tatsächlich kann man Beispiele für Ökonomien mit Privateigentum konstruieren, in denen ein Teil der Haushalte im Gleichgewicht verhungern muss. Ein solches Beispiel soll hier skizziert werden.[97] Es geht von nur drei verschiedenen Gütern aus, nämlich Arbeit, Automaten und Kuchen (in dieser Reihenfolge nummeriert), und besteht aus gleich vielen Haushalten vom Typ 1 und vom Typ 2, die sich lediglich dadurch unterscheiden, dass jeder Haushalt vom Typ 1 Eigentümer eines Automaten und einer Firma ist. Jede Firma kann unter Einsatz einer Einheit Arbeit und eines Automaten maximal eine Einheit Kuchen produzieren.[98] Neben den ungleich verteilten Automaten beinhalten die Anfangsausstattungen für jeden Haushalt eine Einheit Arbeit und keinerlei Kuchen, sind also $e^1 = (1,1,0)$ für Haushalte vom Typ 1 und $e^2 = (1,0,0)$ für Haushalte vom Typ 2. Beide Arten von Haushalten sind nur an der Menge Kuchen interessiert, den sie konsumieren können, sie haben also Präferenzen, für die $(x_1, x_2, x_3) \succ (\bar{x}_1, \bar{x}_2, \bar{x}_3)$ dann und nur dann gilt, wenn $x_3 > \bar{x}_3$. Das Beste, was die Haushalte vom Typ 1 dann tun können, ist, in ihrer Firma mittels ihrer eigenen Ressourcen eine Einheit Kuchen zu produzieren, den sie anschließend konsumieren. Jede Firma wählt also den Produktionsplan $(-1, -1, 1)$ und jeder Haushalt vom Typ 1 den Konsumplan $(0, 0, 1)$. Die Haushalte vom Typ 2 würden gern arbeiten, um Kuchen kaufen zu können, aber bei jedem positiven

Lohnsatz wäre das Arbeitsangebot größer als die Arbeitsnachfrage. Beim Preisvektor $p = (0, 1, 1)$ liegt dann ein Gleichgewicht vor und jeder Haushalt vom Typ 2 ist gezwungen, den Konsumplan $(1, 0, 0)$ zu realisieren: kein Kuchen für Haushalte vom Typ 2. Man würde wohl kaum die sich hier im Gleichgewicht ergebende Allokation als »gesellschaftlich optimal« bezeichnen wollen, aber sie ist natürlich Pareto-effizient: Jede Umverteilung des produzierten Kuchens würde Haushalte vom Typ 1 schlechter stellen.[99]

Auch die folgenden Gründe sprechen dagegen, das Theorem von der Pareto-Effizienz von Gleichgewichten im AD-Modell als Nachweis der gesellschaftlichen Optimalität vollkommenen Wettbewerbs zu interpretieren. Ihnen werden wir uns in den folgenden Kapiteln zuwenden.

2) Dass ein Gleichgewicht existiert, bedeutet nicht, dass es sich einstellen wird.
3) Selbst Pareto-Effizienz des Gleichgewichts gilt in ähnlichen Modellen, die aber etwas andere Annahmen machen, nicht mehr.
4) Insbesondere gilt Pareto-Effizienz des Gleichgewichts nicht mehr, wenn eine implizite Annahme des AD-Modells aufgegeben wird, nämlich die, dass die Präferenzen jedes Haushalts unabhängig sind von den Konsumentscheidungen anderer Haushalte und von den Produktionsentscheidungen von Unternehmen.
5) Desgleichen führt unvollständige bzw. asymmetrische Information oft zu Pareto-ineffizienten Resultaten.
6) Nicht immer scheint das Pareto-Kriterium überzeugend.
7) Aus technologischen Gründen kann Wettbewerb ineffizient sein.

8. Marktkräfte im Zeitablauf
Hahn, Hurwicz und Scarf

Wie wir sahen, war schon Walras sich darüber im Klaren, dass die bloße Existenz eines Gleichgewichts nicht bedeuten würde, dass sich ein solches Gleichgewicht auch einstellt. Beginnend in den 1950er Jahren entstanden daher eine ganze Reihe von Arbeiten, die sich der Frage widmeten, ob und wie man die Walras'sche Vorstellung vom Wirken der Marktkräfte, die nach und nach die Preise ins Gleichgewicht bringen würden, mathematisch befriedigend präzisieren könnte. Diese Frage war schon von Marshall und Hicks[100] unter der Bezeichnung »Stabilität des Gleichgewichts« gestellt worden: Würde eine Abweichung vom Gleichgewichtszustand Kräfte in Gang setzen, die das System wieder zum Gleichgewicht zurückführen? Da auch dann, wenn die Preise kein allgemeines Gleichgewicht erzeugen, einige Transaktionen ausgeführt würden, die eine Veränderung der Anfangsausstattungen der Haushalte – und damit auch der Konsumpläne – mit sich bringen würden, und für solche Transaktionen bei »falschen« Preisen keine befriedigende Theorie vorhanden war, ging man zunächst von sogenanntem »recontracting« aus. Damit war die Vorstellung gemeint, dass immer dann, wenn die Preise sich nicht im Gleichgewicht befinden, wenn also nicht alle individuellen Konsum- und Produktionspläne kompatibel sind, gar keine Transaktionen ausgeführt werden, sondern zunächst die Preise neu verhandelt werden.

Die neu verhandelten Preise sollten natürlich im Sinne der »Marktkräfte« verändert werden. D. h., der Preis für ein Gut, für das die Nachfrage das Angebot übersteigt, sollte ein wenig erhöht werden, dagegen für ein Gut, für das die Nachfrage geringer ist als das Angebot, ein wenig reduziert. Mit anderen Worten: Die Preise sollten stets »in Richtung der Überschussnachfrage« verändert werden. Bei positiver Überschussnachfrage nach Gut g sollte der Preis dieses Gutes steigen, bei negativer Überschussnachfrage dagegen sinken. Wie im Einzelnen die Preise ausgehandelt würden, blieb offen bzw. es wurde ein fiktiver Auktionator »wie an der Börse« angenommen, der Preisänderungen im Ungleichgewicht für alle Güter gleichzeitig vornehmen würde. Aufgrund der geänderten Preise würden neue Konsum- und Produktionspläne aufgestellt, aus denen eine neue aggregierte Überschussnachfrage resultieren würde, und diese würde gegebenenfalls vom Auktionator für erneute Preisanpassungen zugrunde gelegt. Für den resultierenden Prozess solcher Preisänderungen übernahm man den Walras'schen Begriff des »tâtonnement«.

Geht man davon aus, dass meistpräferierte Konsumpläne und gewinnmaximale Produktionspläne stets eindeutig sind, dass also $N^h(p)$ und $M^f(p)$ stets genau ein Element enthält, so lässt sich auch die aggregierte Überschussnachfrage als Funktion $z(p)$ der Preise schreiben. Eine einfache Präzisierung eines tâtonnement-Prozesses lautet dann etwa folgendermaßen:

$$p_g(t+1) = max\left(0, p_g(t) + k_g \cdot z_g(p(t))\right), \tag{19}$$

wobei $k_g > 0$ ein fester Anpassungsfaktor ist, der angibt, wie schnell der Preis des g-ten Gutes auf Überschussnachfrage reagiert.

Der Preisvektor ist hier also eine Funktion der Zeit t, die in eine Folge von diskreten Zeitabschnitten aufgeteilt ist. Ist zur Zeit t die Überschussnachfrage nach Gut g positiv, wird der Preis dieses Gutes erhöht, ist sie negativ, wird der Preis gesenkt – kann aber nicht negativ werden. Bedenkt man, dass die Überschussnachfrage nur von den relativen Preisen abhängt, dass also $z(p) = z(\beta \cdot p)$ für jede Zahl $\beta > 0$ gilt, kann man dabei die Preise in jedem Zeitabschnitt »normieren«, d. h. anstelle von (19) den Prozess

$$p_g(t+1) = \frac{max(0, p_g(t) + k_g \cdot z_g(p(t))}{\sum_{j=1}^{G} max(0, p_j(t) + k_j \cdot z_j(p(t))} \tag{20}$$

betrachten. Durch diese Normierung wird sichergestellt, dass sich die G Komponenten des Preisvektors stets zu 1 addieren.

Eine ganze Reihe von Bedingungen sind daraufhin untersucht worden, ob sie dazu führen, dass ein derartiger tâtonnement-Prozess im Sinne von (20) gegen ein Gleichgewicht konvergiert, das

Gleichgewicht also »stabil« ist.[101] Eine solche Bedingung ist etwa, dass alle Güter sog. »Bruttosubstitute« sind. Dies bedeutet, dass immer dann, wenn der Preis nur eines Gutes steigt, die Überschussnachfrage nach jedem anderen Gut zunimmt. Man pflegt ja zwei Konsumgüter als Substitute zu bezeichnen, wenn die Nachfrage nach einem davon in Folge einer Verteuerung des anderen zunimmt: Fleisch und Fisch etwa gelten oft als Substitute in diesem Sinn, denn wenn Fleisch teurer wird, weichen viele Konsumenten auf Fisch aus und umgekehrt.

In Formeln ausgedrückt lautet die Bedingung der Bruttosubstituierbarkeit, dass für jedes Gut j folgendes gilt:

Wenn sich zwei Preisvektoren p und q nur für das j-te Gut unterscheiden, indem $p_j > q_j$ gilt, während $p_i = q_i$ für alle $i \neq j$, dann ist $z_g(p) > z_g(q)$ für jedes Gut $g \neq j$. (21)

Frank Hahn (1925–2013) wies 1958 nach, dass diese Bedingung den Prozess (20) gegen den gleichgewichtigen Preisvektor p* konvergieren lässt, wenn der Startwert p(0) nicht allzu weit von p* abweicht; Kenneth Arrow, Henry David Block (1920–1978) und Leonid Hurwicz (1917–2008) zeigten nur wenig später, dass dies bei beliebigen Startwerten gilt.[102] Damit war zugleich nachgewiesen, dass Bruttosubstituierbarkeit auch impliziert, dass nur ein einziger normierter Gleichgewichtspreisvektor existieren kann – gäbe es außer p* noch einen zweiten Gleichgewichtspreis $p^{**} \neq p^*$, so wäre $z(p^{**}) = 0$, so dass für den Startwert $p(0) = p^{**}$ der Prozess (20) stationär bliebe, also $p(t) = p^{**}$ für alle t=1, 2, … liefern würde.[103]

Ein einfaches Beispiel für eine Überschussnachfrage, die der Bedingung (21) genügt, sei hier angeführt:

$$\begin{aligned} z_1(p_1, p_2, p_3) &= \frac{p_2 + p_3}{p_1} - 2 \\ z_2(p_1, p_2, p_3) &= \frac{p_1 + p_3}{p_2} - 2 \\ z_3(p_1, p_2, p_3) &= \frac{p_1 + p_2}{p_3} - 2 \end{aligned} \qquad (22)$$

Offenbar ist der (normierte) gleichgewichtige Preisvektor $p^* = \left(\frac{1}{3}; \frac{1}{3}; \frac{1}{3}\right)$.

Abbildung 4 zeigt den Zeitpfad des zugehörigen tâtonnement, der sich nach (20) für den Startwert $p(0) = (0{,}1; 0{,}4; 0{,}5)$ ergibt.[104] Wie zu sehen ist, steigt anfangs der Preis des zweiten Gutes, obwohl er schon oberhalb von seinem Gleichgewichtswert liegt. Dennoch ist das Gleichgewicht stabil – der tâtonnement-Prozess konvergiert letztlich gegen p*.

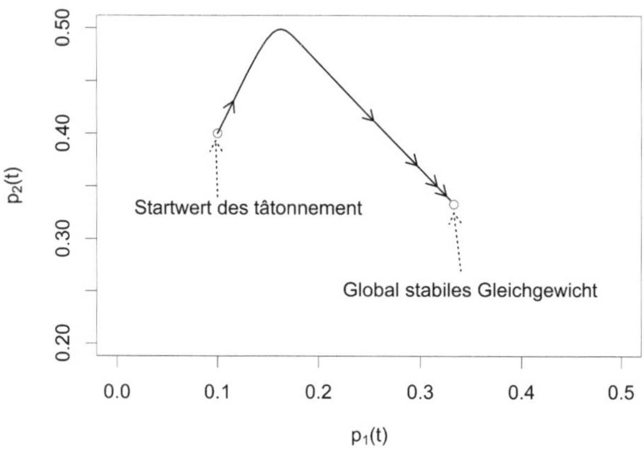

Abb. 4: Ein tâtonnement-Pfad bei stabilem Gleichgewicht

Dass freilich Bruttosubstituierbarkeit eine recht restriktive Annahme darstellt, wird deutlich, wenn man bedenkt, dass viele Güter eher komplementär zueinander sind: Wird etwa Benzin teurer, so dürfte dies kaum zu einer Zunahme, sondern eher zu einer Reduktion der Nachfrage nach Verbrennungsmotoren führen. Auch andere Bedingungen wurden gefunden, die Stabilität implizieren, mussten aber ebenso als Spezialfälle angesehen werden. Wurde in den 1950er Jahren vermutet, dass dennoch Stabilität des Gleichgewichts als Regelfall nachgewiesen werden könnte, stellte sich diese Vermutung als Irrtum heraus, als Herbert Scarf (1930–2015) im Jahre 1960 einfache Beispiele für global instabile Gleichgewichte veröffentlichte.[105] Für eines davon sei hier die Überschussnachfrage angeführt:

$$z_1(p_1, p_2, p_3) = \frac{-p_2}{p_1 + p_2} + \frac{p_3}{p_1 + p_3}$$

$$z_2(p_1, p_2, p_3) = \frac{-p_3}{p_2 + p_3} + \frac{p_1}{p_1 + p_2} \tag{23}$$

$$z_3(p_1, p_2, p_3) = \frac{-p_1}{p_1 + p_3} + \frac{p_2}{p_2 + p_3}$$

Auch hier ist offenbar $p^* = (\frac{1}{3}; \frac{1}{3}; \frac{1}{3})$ das eindeutige normierte Gleichgewicht. Verfolgt man jedoch den Preisanpassungsprozess gemäß (20) für einen Startwert $p(0) \neq p^*$, so beschreibt er eine geschlossene Kurve um den Gleichgewichtspreis herum, wie in Abbildung 5 dargestellt.[106]

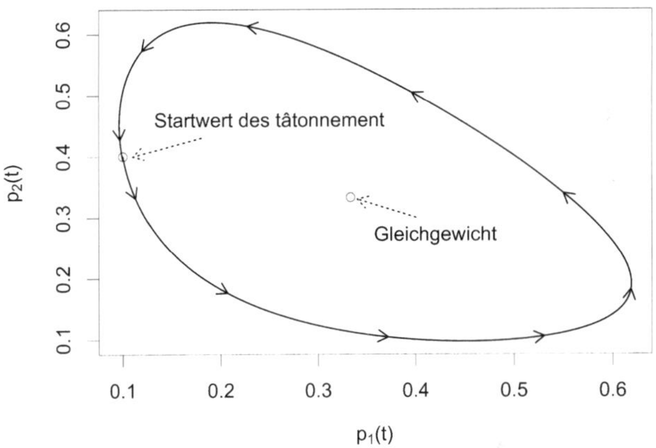

Abb. 5: Ein global instabiles Gleichgewicht

Unterschiedliche Alternativen zum tâtonnement-Prozess sind seit den 1960er Jahren entwickelt und untersucht worden, ohne jedoch überzeugende Argumente für eine »Stabilität« der Gleichgewichte einer Ökonomie im Sinne des AD-Modells zu liefern.[107] Gintis bemerkte 2007: »The Walrasian general equilibrium model is the centrepiece of modern economic theory, but progress in understanding its dynamical properties has been meagre.«[108]

Franklin Fisher (1934–2019) fasste den Stand der Diskussion 2011 wie folgt zusammen: »The search for stability at great levels of generality is probably a hopeless one.«[109] Er erinnert sich jedoch: »Milton Friedman remarked to me a long time ago that the study of the stability of general equilibrium is unimportant, … because it is obvious that the economy is stable«, und konstatiert über seine Zeitgenossen: »... economists generally behave as though this problem did not exist. Perhaps the most extreme example of this is the view of the theory of Rational Expectations that any disequilibrium disappears so fast that it can simply be ignored.«[110]

9. Gleichgewicht im Zeitablauf
Samuelson, Shell und Gale

Wenngleich das AD-Modell einer kompetitiven Volkswirtschaft im Denken vieler Wirtschaftswissenschaftler nach wie vor eine bedeutende Rolle spielt, ist es doch wie jedes Modell in mancherlei Hinsicht unrealistisch. Insbesondere ist es insofern »statisch«, als alle Haushalte und Unternehmen, die im Modell vorkommen, »von Anfang an dabei« sind und gleichzeitig ihre Wirtschaftspläne aufstellen. Ein alternatives Modell, das davon ausgeht, dass immer wieder neue Generationen ins Wirtschaftsleben eintreten, geht auf eine 1958 von Samuelson veröffentlichte Arbeit[111] zurück und wird als »overlapping generations model« (OLG) bezeichnet. In dieser Art von Modellen gibt es eine unendliche Folge von Perioden, in denen Transaktionen zwischen den jeweils lebenden Wirtschaftssubjekten stattfinden können, aber die Lebensdauer jeder Generation ist endlich. In solchen Modellen kann es in deutlichem Gegensatz zum AD-Modell vorkommen, dass in jeder Periode die Überschussnachfrage null ist, die erwarteten Preise stets die tatsächlichen sind – und dennoch die resultierende Allokation nicht Pareto-effizient ist. Dies lässt sich schon in einem äußerst einfachen, 1971 von Karl Shell publizierten Beispiel zeigen.[112] Darin wird angenommen, dass es in jeder Periode nur einen jungen und einen alten Konsumenten gibt, also jede »Generation« – bis auf die allererste – genau zwei Perioden lang lebt, so dass die einzigen Markttransaktionen, die möglich sind, zwischen einem alten und einem jungen Konsumenten erfolgen würden. Da es auch in der allerersten Periode $t=1$, der Startperiode, einen alten und einen jungen Konsumenten gibt, beträgt die Lebensdauer des in dieser Startperiode bereits alten Konsumenten nur eine Periode. Von den Anfangsausstattungen wird angenommen, dass die Natur jeden Konsumenten in jeder Periode mit einem Stück Schokolade versorgt, deren Haltbarkeit jedoch auf die eine Periode beschränkt ist.

Bezeichnet x_t^j bzw. x_t^a die Nachfrage des in Periode t jungen bzw. alten Konsumenten und wird angenommen, dass jeder Konsument nur an der Summe der während seiner Lebensdauer von ihm konsumierten Schokolade interessiert ist, können die Präferenzen des in t jungen Konsumenten durch die Nutzenfunktion $U^j\left(x_t^j, x_{t+1}^a\right) = x_t^j + x_{t+1}^a$ repräsentiert werden, die des in t alten dagegen durch $U^a(x_t^a) = x_t^a$.

Die aggregierte Nachfrage in Periode t ist dann $x_t^j + x_t^a$ und sie ist realisierbar, falls sie den aggregierten Anfangsausstattungen des in t jungen und des in t alten Konsumenten entspricht:

$$x_t^j + x_t^a = 2 \tag{24}$$

Ist der Zinssatz stets gleich null und bezeichnet p_t den Preis von Schokolade in Periode t, so wählt der in t junge Konsument seinen Konsumplan (x_t^j, x_{t+1}^a) unter der Budgetrestriktion

$$p_t x_t^j + p_{t+1} x_{t+1}^a \leq p_t + p_{t+1} \tag{25}$$

und der in Periode t alte Konsument unter der ziemlich trivialen Restriktion

$$p_t x_t^a \leq p_t. \tag{26}$$

Ein »kompetitives« Gleichgewicht besteht nun in Analogie zur Definition im AD-Modell aus einer unendlichen Folge $\left(x_t^j, x_t^a; p_t\right)$ für t=1, 2, 3, …, so dass in jeder Periode die Realisierbarkeitsbedingung (24) erfüllt ist und jeder Konsument seinen Nutzen unter der für ihn geltenden Restriktion (25) bzw. (26) maximiert. Offenbar besteht ein solches Gleichgewicht in Autarkie bei konstanten Preisen: Jeder konsumiert in jeder Periode seines Lebens seine Ausstattung dieser Periode mit Schokolade – jeweils das eine Stück. Es finden keinerlei Markttransaktionen statt.

Allerdings ist dieses Gleichgewicht nicht Pareto-effizient: Wenn in jeder Periode der gegenwärtig junge Konsument seine Schokoladenausstattung dieser Periode dem gegenwärtig alten Konsumenten geben würde, so hätte der schon in der Startperiode t=1 alte Konsument zwei Stück Schokolade, während sich für keine der folgenden Generationen der Nutzen aus Schokoladenkonsum verringern würde. Jeder würde dann nämlich nur noch im Alter Schokolade konsumieren – und zwar zwei Stück.[113]

Das Shell'sche Beispiel eines OLG-Modells mit einem Pareto-ineffizienten kompetitiven Gleichgewicht ist zugegebenermaßen dermaßen »künstlich«, dass es leicht als »Anomalie«, als nicht weiter beunruhigender Sonderfall, abgetan werden konnte, aber es zeigte sich spätestens mit der 1965 von Peter Diamond veröffentlichten OLG-Variante des neoklassischen Wachstumsmodells mit Produktion und Bevölkerungswachstum, dass »allgemeines kompetitives Marktgleichgewicht in allen Perioden« durchaus mit Ineffizienz einher gehen kann – und das, selbst wenn die in einem dynamischen Marktmodell wichtigen Erwartungen der Wirtschaftssubjekte als stets zutreffend angenommen werden.[114]

Seitdem sind viele Varianten von OLG-Modellen untersucht worden und es zeigte sich in den 1970er und 1980er Jahren mit Arbeiten von David Gale (1921–2008) und vielen anderen, dass »kompetitives Gleichgewicht in allen Perioden« mit im Zeitablauf sehr komplizierten Prozessen einher gehen kann.[115] Ein einfaches Beispiel soll dies hier illustrieren.[116] Es beruht auf folgenden Annahmen:

1) Wie bei Shell wird angenommen, dass jede Generation (bis auf die allererste) genau zwei Perioden lang lebt. Der Einfachheit halber gehen wir im Folgenden davon aus, dass jede Generation aus nur einem Individuum besteht – nichts Wesentliches ändert sich, wenn jede Generation aus einer festen, gleichbleibenden Anzahl von identischen Individuen besteht.
2) Es gibt nur zwei Güter: Arbeit und ein produziertes Gut, Korn.
3) Korn kann weder vererbt noch für Folgeperioden aufbewahrt werden, aber es kann konsumiert oder als Saatgut verwendet, also investiert, werden.
4) Nur die jeweils junge Generation kann arbeiten, aber sie ist nur an ihrem Konsum im Alter interessiert, konsumiert also in der Jugend nicht.
5) Die Präferenzen der in Periode t jungen Generation können durch eine Nutzenfunktion der Form

$$U(C_{t+1}, L_t) = C_{t+1}^{\alpha} - L_t^{\beta} \tag{27}$$

repräsentiert werden. Natürlich bezeichnet hier C_{t+1} den Konsum in Periode t+1 und L_t die in Periode t geleistete Arbeit.

6) Die »Aussaat« bzw. Investition in Periode t wird mit I_t bezeichnet und liefert in der Folgeperiode die Produktmenge bzw. »Ernte«

$$Y_{t+1} = a \cdot I_t \tag{28}$$

7) Die Ernte in t+1 erfordert Arbeit in t+1, die proportional zur Ernte und damit zur Investition in t ist:

$$L_{t+1} = b \cdot I_t \tag{29}$$

8) Die in t alte Generation zahlt der in t jungen einen Lohnsatz (pro Arbeitseinheit) in Höhe von w_t in Form von Korn. Da die junge Generation nicht konsumiert, investiert sie ihr Arbeitseinkommen vollständig:

$$I_t = w_t \cdot L_t \tag{30}$$

9) In jeder Periode herrscht sowohl auf dem Arbeitsmarkt als auch auf dem Markt für Korn Gleichgewicht. Zwischen Angebot und Nachfrage muss daher nicht symbolisch unterschieden werden.

10) In jeder Periode herrscht vollkommene Voraussicht. Zwischen erwarteten und realisierten Größen muss daher ebenfalls nicht unterschieden werden.

11) Die jeweils alte Generation konsumiert, was ihr nach Entlohnung der jungen von der Ernte bleibt:

$$C_t = Y_t - w_t \cdot L_t \tag{31}$$

12) Schließlich wird angenommen, dass der in t junge Konsument seinen Arbeits- und Konsumplan durch Maximierung seiner Nutzenfunktion in Kenntnis von 1) bis 11) ermittelt.

Aus diesen Annahmen, die für jede Periode t=1, 2, 3, … gelten sollen, ergibt sich Folgendes:

Der nutzenmaximale Arbeitseinsatz und Konsum bestimmt sich nach:

$$L_t = \left(\frac{\alpha}{\beta}\right)^{\frac{1}{\beta-\alpha}} \cdot \left(w_t \cdot (a - b \cdot w_{t+1})\right)^{\frac{\alpha}{\beta-\alpha}} \tag{32}$$

$$\text{bzw. } C_{t+1} = \left(\frac{\beta}{\alpha}\right)^{\frac{1}{\alpha}} \cdot L_t^{\frac{\beta}{\alpha}} \tag{33}$$

Daraus ergibt sich ein Nutzen von

$$U\left(C_{t+1}, L_t\right) = \frac{\beta - \alpha}{\alpha} L_l^{\beta} \tag{34}$$

Nun lässt sich (32) nach w_{t+1}auflösen:

$$w_{t+1} = \frac{a}{b} - \left(\frac{\beta}{\alpha}\right)^{\frac{1}{\alpha}} \cdot L_t^{\frac{\beta-\alpha}{\alpha}} \cdot \frac{1}{b \cdot w_t} \tag{35}$$

Aus (29) und (30) ergibt sich:

$$L_{t+1} = b \cdot w_t \cdot L_t \tag{36}$$

Die letzten beiden Gleichungen erlauben es nun offenbar, von beliebigen Startwerten w_1 und L_1 ausgehend, iterativ für t=2, 3, 4, … die sich ergebenden Werte für w_t und L_t zu ermitteln. Für die Parameterwerte $a = 1{,}5$, $b = 1$, $\alpha = 0{,}9$, $\beta = 2$ und die Startwerte $w_1 = 0{,}98$ und $L_1 = 0{,}21$ ergibt sich der in Abbildung 6 dargestellte Zeitpfad.

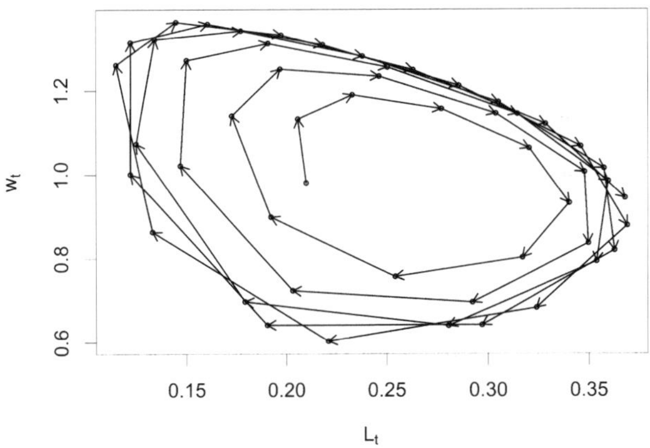

Abb. 6: Zeitpfad für Beschäftigung und Lohnsatz

Obwohl sich die Produktionstechnik nicht ändert und jede Generation dieselben Präferenzen hat, ergibt sich auf einem solchen

Gleichgewichtspfad keineswegs eine im Zeitablauf stabile Entwicklung, sondern eine »zyklische«, bei der aufeinander folgende Generationen unterschiedliche Beschäftigung erfahren und damit nach (33) und (34) auch unterschiedliche Konsum- und Nutzenniveaus erreichen. Generationen mit niedrigeren Nutzenniveaus dürften solche Entwicklungen als unfair empfinden.[117]

Jedenfalls zeigt das Modell, dass Marktgleichgewicht im Zeitablauf durchaus mit einer »zyklischen« Entwicklung von Beschäftigung und Löhnen einhergehen kann, selbst wenn die Erwartungen der Wirtschaftssubjekte stets eintreffen.

10. Ein konkurrierendes Forschungsprogramm
von Neumann, Morgenstern und Nash

Während in Europa der Zweite Weltkrieg tobte, war in Princeton ein Werk von mehr als 600 Seiten Umfang entstanden, das die Wirtschaftstheorie revolutionieren würde – wenn auch aus verschiedenen Gründen mit einer gewissen zeitlichen Verzögerung. Es handelt sich um die 1944 in erster Auflage erschienene *Theory of Games and Economic Behavior* und entstand aus der Zusammenarbeit des außergewöhnlichen Mathematikers John von Neumann (1903–1957) und des Ökonomen Oskar Morgenstern (1902–1977). Das Grundproblem, von dem es seinen Ausgang nahm, besteht darin, dass in jeder Interaktion verschiedener Individuen, etwa auf einem Markt beim Austausch von Gütern oder aber in einem Gesellschaftsspiel wie Poker, über das Ergebnis der Interaktion von keinem der Beteiligten allein entschieden werden kann, da es auch von den Aktionen der anderen »Spieler« abhängt. Scharf kontrastieren von Neumann und Morgenstern daher das individuelle Entscheidungsproblem in einer solchen Interaktion von dem isolierten Maximierungsproblem eines Robinson Crusoe:

> a participant in a social exchange economy … tries to obtain an optimal result. But in order to achieve this, he must enter into relations of exchange with others. If two or more persons exchange goods with each other, then the result for each one will depend in general not merely upon his own actions but on those of the others as well. Thus each participant attempts to maximize a function … of which he does not control all variables. … This kind of problem is nowhere dealt with in classical mathematics.[118]

Tatsächlich warf die Spieltheorie zunächst eine ganze Reihe von begrifflichen und mathematischen Fragen auf, an deren Klärung zunächst nur eine überschaubare Gruppe von mathematisch versierten Wirtschaftswissenschaftlern arbeitete. Nach und nach entwickelten sich aber manche Konzepte der Spieltheorie zu Standardwerkzeugen der Wirtschaftstheorie, insbesondere nachdem John Nash (1928–2015) den später nach ihm benannten Gleichgewichtsbegriff definierte und bewies, dass unter bestimmten Annahmen stets ein solches Gleichgewicht existiert.[119] Die Definition eines solchen Nash-Gleichgewichts ist sehr einfach: Es ist eine solche Kombination von Aktionen der Spieler, bei der sich niemand unilateral besser stellen kann – d. h., dass ausgehend von einem solchen Gleichgewicht kein Spieler ein für ihn besseres Spielergebnis erreichen kann, falls alle anderen bei ihren Aktionen bleiben.

Eine Bemerkung zum Ausdruck »Gleichgewicht« ist hier angebracht, der ja in der Wirtschaftswissenschaft so häufig verwendet wird. Leider bedeutet er nicht immer dasselbe. Angewendet auf die Aktionen eines einzelnen Wirtschaftssubjekts wird mitunter die optimale, Nutzen oder Gewinn maximierende Aktion als Gleichgewicht bezeichnet. Von Marktgleichgewicht ist die Rede, wenn Angebot und Nachfrage übereinstimmen, von allgemeinem Marktgleichgewicht, wenn Marktgleichgewicht auf allen Märkten vorliegt. Die Definition (18) im AD-Modell umfasst offenbar alle diese Bedeutungen. Der Begriff des Nash-Gleichgewichts dagegen ist insofern viel allgemeiner, als er sich auf »Spiele« bezieht, die wir hier nicht formal definieren wollen, die aber auch solche Interaktionen zwischen verschiedenen »Spielern« beschreiben können, in denen es nicht um Gütertransaktionen geht.[120] Gelegentlich wird »Gleichgewicht« aber auch als »Ruhezustand«, also im Zeitablauf stationärer Zustand definiert. Weder Marktgleichgewichte noch Nash-Gleichgewichte sind notwendigerweise Ruhezustände.[121]

Mittels des Nash-Gleichgewichts und weniger anderer einfacher Konzepte der Spieltheorie lässt sich nun auch leicht ein vierter Grund erläutern, warum das Pareto-Theorem keine Rechtfertigung dafür liefert, die Güterallokation dem möglichst »freien Spiel der Marktkräfte« zu überlassen. Im Arrow-Debreu-Modell wird ja implizit – durch die Bedingung b) in der Definition (11) – angenommen, dass jeder Konsument nur an den ihm selbst über den Markt zur Verfügung gestellten Gütern interessiert ist – dass seine Präferenzen also nicht von der gesamten Allokation, sondern nur von seinem eigenen Konsum abhängen. Wird diese Annahme aufgegeben, wird nicht einmal Pareto-Effizienz im Marktgleichgewicht zu erwarten sein – von darüber hinaus gehenden gesellschaftlichen Wohlfahrtsbegriffen ganz zu schweigen. Ein einfaches Beispiel mit nur zwei »Konsumenten« und nur einem »Gut« genügt, um dies zu illustrieren.

Das Gut, das wir betrachten wollen, sei eine Schusswaffe, über deren Kauf von einem Gangster G und/oder einem »braven Bürger« B entschieden werden muss. Beide können sich Schusswaffen kaufen – oder dies bleiben lassen. Ihre Präferenzen für die vier möglichen Allokationen seien in der folgenden Matrix (Abb. 7) durch »Nutzenwerte« repräsentiert.[122] (Der Waffenhändler bleibt hier der Einfachheit halber unberücksichtigt, könnte aber leicht in das Modell integriert werden.)

G \ B	W	U
W	2 / 2	4 / 1
U	1 / 3	3 / 4

Abb. 7: Das Bewaffnungsspiel

Der Gangster kann wählen zwischen W, dem Kauf einer Waffe, und U, unbewaffnet zu bleiben. Seine Wahl ist durch eine Zeile der Matrix repräsentiert; der Bürger B hat dieselben zwei Handlungsalternativen, die in der Matrix den Spalten W bzw. U entsprechen. Die Nutzenwerte in einer Zelle der Matrix sind so zu lesen, dass links unten der Nutzen für G, rechts oben derjenige für B notiert ist. Die Präferenzen lassen sich dann ablesen: Der Gangster G wird sich in jedem Falle eine Waffe besorgen – ob nun B seinerseits bewaffnet ist oder nicht. Am liebsten wäre es ihm, bewaffnet auf einen unbewaffneten B zu treffen, aber auch wenn der B bewaffnet ist, wird er W vorziehen.

Der Bürger B dagegen hätte es am liebsten, wenn keiner der beiden bewaffnet wäre, aber er zieht es vor, eine Waffe zu haben, wenn G bewaffnet ist. Im Nash-Gleichgewicht werden sich offenbar beide bewaffnet gegenüberstehen – während beide die mögliche Alternative, dass beide unbewaffnet sind, dem Gleichgewicht vorziehen. Offenbar würde ein Staatseingriff, der den Handel mit Waffen unterbindet, sowohl B als auch G gegenüber dem Marktgleichgewicht besserstellen.

In der Terminologie der Wirtschaftswissenschaft liegt in unserem Bewaffnungsbeispiel eine »Externalität« vor: Die Präferenzen des B hängen davon ab, was G tut. Solche Externalitäten sind aber sehr häufig: Ob ich einen Zaun um mein Grundstück baue, hängt davon ab, was die Nachbarn tun; ob ich eine Schutzmaske trage, hängt davon ab, ob meine Mitmenschen geimpft sind; ob ich mit dem Auto oder der Straßenbahn in die Stadt fahre, davon, wie stark der Verkehr ist, etc. Externalitäten sind in der Wirtschaftswissenschaft zwar seit Pigou bekannt und analysiert worden, werden aber offenbar ignoriert, wenn man darauf vertraut, dass der Markt-Preis-Mechanismus zu einer effizienten Güterallokation führt. Im Zeitalter von Umweltverschmutzung und Klimawandel sind aber Externalitäten durch Treibhausgase und andere Emissionen, die bei der industriellen Produktion entstehen, nicht zu vernachlässigen. Ebenso wenig sind heutzutage Netzwerkeffekte zu vernachlässigen: Meine Präferenz für ein bestimmtes soziales Netzwerk hängt natürlich sehr davon ab, wie viele meiner Freunde und Bekannten sich dort tummeln. Auch Netzwerkeffekte sind nichts anderes als eine spezielle Art von »Externalität«. In den Worten von Joseph Stiglitz:

> in our twenty-first-century world, externalities are ubiquitous and pervasive. But in the world of Hayek, Friedman and others on the Right, externalities are the exception, something to be discussed in an economics course at the end of the semester, if there's time.[123]

Eine Spielmatrix kann auch verdeutlichen, warum die Bereitstellung sogenannter »öffentlicher Güter« mitunter staatliche Eingriffe erfordert. Das Beispiel geht von zwei Hausbesitzern aus, Frau F. und Herr H., zwischen deren Grundstücken ein verschmutzter, stinkender Teich liegt. Beide wären bereit, bis zu 50 TEUR für die Sanierung zu zahlen, da ihr Grundstück eine entsprechende Wertsteigerung erfahren würde. Eine Sanierung kostet aber 80 TEUR und der einzige darauf spezialisierte Anbieter verlangt von F und H, dass sie als Gesamtschuldner die Sanierung beauftragen – wenn beide zustimmen, trägt jeder die Hälfte der Kosten, wenn nur einer zustimmt, trägt er die gesamten Kosten. Es sei angenommen, dass beide unabhängig voneinander entscheiden müssen, ob sie der Sanierung zustimmen oder nicht – vielleicht sind sie verfeindet und reden nicht miteinander. Kann der Nutzen durch die Wertänderung abzüglich etwa zu zahlender Kosten repräsentiert werden, ergibt sich die folgende Matrix (Abb. 8):

H F	Z	N
Z	10 10	50 -30
N	-30 50	0 0

Abb. 8: Das Sanierungsspiel

Offenbar wird im Nash-Gleichgewicht nicht saniert: Stimmt man zu, riskiert man, die gesamten Kosten tragen zu müssen – falls der andere nicht zustimmt. Falls der andere zustimmt, fährt man besser, wenn man die Zustimmung verweigert.[124] Würde der Staat zwangsweise von beiden eine Gebühr von 40 TEUR erheben und die Sanierung veranlassen, wären offenbar beide bessergestellt.

Während es im Zweipersonenbeispiel noch künstlich erscheinen mag, die gütliche Einigung der Betroffenen auf eine Kostenteilung per Annahme auszuschließen, ist es bei den klassischen öffentlichen Gütern – wie etwa Landesverteidigung oder Straßenbeleuchtung – nicht leicht vorstellbar, wie sich »die Betroffenen« – anders als über eine gewählte Regierung – auf eine Kostenteilung einigen könnten. Wer sich der Besteuerung zu entziehen vermag, kommt dennoch als »Trittbrettfahrer« in den Genuss des öffentlichen Gutes. Die übliche Abgrenzung von »öffentlichen Gütern« besagt, dass vom »Konsum« solcher Güter niemand ausgeschlossen werden kann und dass der Nutzen für einen Beteiligten nicht dadurch geschmälert wird, dass andere aus dem Gut ebenfalls Nutzen ziehen.[125] Beide Kriterien – fehlende Ausschließbarkeit und nicht rivalisierender Konsum – sind freilich nicht trennscharf. »Konsum« einer Straße durch Befahren ist zwar bei niedriger Verkehrsdichte »nicht rivalisierend«, aber bei hoher Verkehrsdichte durchaus. Die Einführung der LKW-Maut auf deutschen Straßen zeigt, dass auch der Ausschluss von der Straßennutzung durchaus möglich ist – aber mit hohen Kosten verbunden sein kann.

Öffentliche Güter und andere Externalitäten werden seit den 1950er Jahren in der Volkswirtschaftslehre als Fälle von »Marktversagen« zusammengefasst[126] – eine Redeweise, die sich nur aus der Überzeugung erklärt, dass normalerweise »der Markt funktioniert« – also eine optimale Allokation gewährleistet. Dass hier Optimalität bestenfalls Pareto-Effizienz bedeutet, dass auch diese nur unter den speziellen Bedingungen des AD-Modells gilt, und auch dann nur im Gleichgewicht, all das wird dabei ignoriert.

Dabei gibt es auch noch andere, durchaus sehr häufige Situationen, in denen »der Markt« nicht unbedingt Pareto-Effizienz herbeiführt. Eine implizite Annahme des AD-Modells, aber ebenso der oben erläuterten OLG-Modelle und vieler einfacher spieltheoretischer Modelle ist nämlich, dass die Marktteilnehmer über alle für sie relevanten Informationen verfügen. Das AD-Modell beschreibt zwar Präferenzen, Technologien, Ressourcen und Eigentumsverhältnisse, aber es enthält ja keinerlei explizite Repräsentation der Informationen, über die die Wirtschaftssubjekte verfügen – oder eben nicht verfügen.

Sind nun die Marktteilnehmer etwa über die Beschaffenheit der Güter nicht vollständig informiert, kann es sehr leicht dazu kommen, dass für die Beteiligten eigentlich vorteilhafte Transaktionen nicht zustande kommen. Ein berühmtes Beispiel wurde 1970 von George Akerlof veröffentlicht:[127] Der Verkäufer eines Gebrauchtwagens ist in der Regel viel besser über die Qualität des Wagens informiert als der potentielle Käufer, da er ihn schon eine Weile gefahren hat. Möglicherweise hat ein solcher Wagen aber »Macken«, die dem Kaufinteressenten bei einer nur oberflächlichen Begutachtung entgehen müssen. Wenn die Kaufinteressenten wissen, dass viele solcher fehlerbehafteten Wagen auf dem Markt sind, kann der Eigentümer eines Gebrauchtwagens, der in ausgezeichnetem, fehlerfreien Zustand ist, möglicherweise keinen Kaufinteressenten vom tatsächlichen Wert des Wagens überzeugen – und der Verkauf kommt nicht zustande, obwohl er für beide Seiten vorteilhaft wäre. Zahlreiche andere Situationen, in denen unvollständige bzw. asymmetrisch verteilte Informationen zu ineffizienten Marktresultaten führen können, sind untersucht worden.[128]

Akerlofs Aufsatz ist noch in einer ganz anderen Hinsicht bemerkenswert. Von zwei renommierten Fachzeitschriften, bei denen Akerlof ihn zur Veröffentlichung eingereicht hatte, wurde er wegen Trivialität zurückgewiesen, von einer dritten wurde er aufgrund von zwei Fachgutachten abgelehnt, die im Wesentlichen argumentierten, dass Akerlofs Ausführungen offenbar falsch sein müssten – es gäbe ja schließlich einen Markt für Gebrauchtwagen.[129] Dass Akerlof dann im Jahre 2001 für eben diese Arbeit den Nobelpreis erhielt, zeigt eindrücklich, wie nahe beieinander in den Wirtschaftswissenschaften Trivialität und Tiefe liegen können und wie sehr sich das Urteil über die Bedeutung einer Einsicht zwischen den Wirtschaftswissenschaftlern unterscheiden kann.

11. Liberalismus versus Pareto
Amartya Sen

Während das Pareto-Kriterium im neoliberalen Weltbild nahezu als sakrosankt gilt, hat Amartya Sen 1970 auf ein Problem hingewiesen, das seine Akzeptabilität in Frage stellt. In einem nur sechs Seiten langen Aufsatz, der 1970 im *Journal of Political Economy* erschien, zeigte Sen, dass das Pareto-Kriterium mit einem anderen Prinzip konfligieren kann, das er als »minimale Liberalität« bezeichnet und das, abstrakt formuliert, nicht weniger überzeugend ist als das Pareto-Kriterium.[130] Dieses Liberalitäts-Prinzip fordert, dass es Entscheidungen geben muss, die ein jedes Mitglied der Gesellschaft treffen darf, ohne die Präferenzen anderer zu berücksichtigen. Als Beispiele nennt Sen die Entscheidung, ob man die Wände seiner Wohnung pink oder weiß streicht oder ob man auf der Seite oder auf dem Rücken schläft.

Um zu zeigen, dass dieses Prinzip dem Pareto-Kriterium widersprechen kann, sei das folgende Beispiel betrachtet, das an der Debatte um die Impfpflicht orientiert ist und sich wieder als Zwei-Personen-Spiel darstellen lässt. Anna sei eine vorsichtige ältere Dame, die angesichts der Ansteckungsgefahren eine allgemeine Impfpflicht sehr befürwortet. Notfalls wäre sie aber bereit, auf eine Impfung zu verzichten – wenn nur alle anderen geimpft würden. Jedenfalls sollten nach Annas Ansicht solche leichtsinnigen Menschen wie ihr Nachbar Bob geimpft werden, der immer ohne Maske herumläuft und sich nicht um Abstand zu seinen Mitmenschen kümmert. Bob würde es tatsächlich am liebsten sehen, wenn niemand geimpft werden würde. Er selbst hätte zwar keine Angst vor einer Impfung, würde die Impfung aber besonders gern den ängstlichen Befürwortern einer Impfpflicht – wie seiner Nachbarin Anna – verweigern.

In einer Spielmatrix lässt sich die Situation dann folgendermaßen darstellen (Abb. 9):

B A	I	N
I	1 4	2 2
N	3 3	4 1

Abb. 9: Das Impfpflicht-Spiel

Zunächst mag es scheinen, dass hier dieselbe Art von Problematik vorliegt wie im oben diskutierten Bewaffnungs-Spiel. Kann Anna zwischen den Zeilen der Matrix frei wählen, wird sie sich impfen lassen – das Ergebnis ist für sie in jedem Falle besser, als wenn sie die untere Zeile N, also »Nicht impfen lassen«, wählt. Und für Bob ist es in jedem Falle besser, die Spalte N zu wählen, als die Spalte I. Im resultierenden Nash-Gleichgewicht lässt Anna sich impfen, während Bob auf eine Impfung verzichtet. Auch hier wieder ist das Gleichgewichtsergebnis nicht Pareto-effizient: Beide Spieler würden es vorziehen, wenn nur Bob geimpft werden würde.

Aber sollte man hier tatsächlich dem Pareto-Kriterium folgen und dem Staat empfehlen, Bob zwangsweise zu impfen und Anna die Impfung zu verweigern? Im Bewaffnungsspiel schien der staatliche Eingriff in die Bewaffnungsfreiheit sinnvoll, aber Beispiele wie das hier diskutierte scheinen eher nahezulegen, dass dem Pareto-Kriterium nicht in jedem Kontext gefolgt werden sollte – jedenfalls dann, wenn man das liberale Prinzip akzeptiert, dass jeder das Recht hat, bestimmte private Entscheidungen ohne Rücksicht auf die Präferenzen anderer zu treffen.[131]

12. Monopole, Wettbewerb, Staat und Macht

Wie wir gesehen haben, sind Monopole für das neoliberale Paradigma ein besonders heikles Thema. Das Gewaltmonopol des Staates wird zwar nicht in Frage gestellt, aber Monopolunternehmen galten aus mehreren Gründen als unerwünscht. Hier muss zunächst geklärt werden, was unter einem Monopol verstanden wird. Im alltäglichen Sprachgebrauch, dem wir hier aber nicht folgen wollen, werden ja mitunter alle Großunternehmen mit entsprechend hoher Marktmacht als Monopole bezeichnet. Der Wirtschaftsjournalist Hans-Jürgen Jakobs bezeichnet in seinem klugen Buch über »Das Monopol im 21. Jahrhundert« Unternehmen mit einem »extrem hohen Marktanteil« als Monopole.[132]

Das volkswirtschaftliche Lehrbuch definiert dagegen einen Markt als Monopol, wenn es für das dort gehandelte Gut nur einen Anbieter gibt. Mitunter hat die Monopolstellung eines Unternehmens eine rechtliche Grundlage. Durch Patente etwa wird für eine bestimmte Zeit – in Deutschland für 20 Jahre – das Recht gewährt, anderen den Verkauf der patentierten Ware zu untersagen. Auch unabhängig von Patenten sind immer wieder per Gesetz staatlichen oder auch privaten Unternehmen Monopolrechte eingeräumt worden. In Deutschland etwa bestand das Briefmonopol der Deutschen Post AG noch bis 2007, das staatliche Zündholzmonopol immerhin bis 1983.

Im AD-Modell scheinen zunächst Monopole nicht vorzukommen – es soll ja ein Modell vollkommenen Wettbewerbs sein. Allerdings ist im AD-Modell nicht ausgeschlossen, dass ein bestimmtes Gut von nur einem Unternehmen produziert wird – in diesem Sinne kann es durchaus in einer AD-Ökonomie Monopole geben. Auch kommt in dem Modell keine Annahme vor, dass die Anzahl der Firmen »groß« sein muss. »Vollkommener Wettbewerb« ist in dem Modell nur indirekt angenommen, indem alle Haushalte und Unternehmen die Preise als gegeben betrachten. Wer die Preise setzt bzw. ob und wie Gleichgewichtspreise gefunden werden, bleibt im AD-Modell ja offen. Debreus Benennung der in (11) definierten Struktur als »Ökonomie mit Privateigentum« mag suggerieren, dass es sich um das Modell einer »kapitalistischen« Ökonomie handelt, aber es ist allgemein genug, um hypothetische Ökonomien zu beschreiben, die kaum der üblichen Vorstellung von Kapitalismus entsprechen. Man kann z. B. durchaus annehmen, dass die Anfangsausstattungen über alle Haushalte gleichmäßig verteilt sind und alle Unternehmen den Haushalten zu gleichen Anteilen gehören – dies wäre immer noch eine Marktwirtschaft, aber kaum das, was landläufig als »Kapitalismus« bezeichnet wird.

Alternativ kann man im AD-Modell annehmen, dass einer der Haushalte ein »öffentlicher Haushalt« ist, dem Unternehmen und ein Teil der Anfangsausstattung gehören und über dessen Präferenzen nach einem – wie auch immer gearteten – demokratischen Prozess entschieden wird. Je nachdem, wie viele Unternehmen und welche Anteile der Anfangsausstattung in öffentlicher Hand sind, würde eine solche Ökonomie dem ähneln, was »mixed economy« oder Marktsozialismus genannt worden ist.[133]

Ein staatliches Monopol galt dann auch manchen Ökonomen – wie wir gesehen haben, etwa Walras oder Henry Simons – als mitunter »natürlich und notwendig«. Ein sogenanntes »natürliches Monopol« kann sich aus technologischen Gründen ergeben, nämlich bei sogenannten »zunehmenden Skalenerträgen«.[134] Sie können dazu führen, dass Wettbewerb technologisch ineffizient ist. Dies lässt sich mit einem einfachen Beispiel illustrieren: Falls aus technologischen Gründen eine Anzahl x an Arbeitern $y=x^2$ Einheiten eines bestimmten Gutes zu produzieren in der Lage ist und maximal $x=10$ Arbeiter in der betreffenden Industrie eingesetzt werden können, so könnten sie gemeinsam in einem Unternehmen $y=100$ Einheiten des Gutes produzieren. Würde man das eine Unternehmen aber in zwei kleinere konkurrierende Unternehmen mit derselben Technologie aufspalten, von denen jedes 5 Arbeiter beschäftigt, so wäre die insgesamt produzierbare Menge $y_1+y_2=5^2+5^2=50$. Die Produktion sollte dann offenbar aus technologischen Gründen in einem »Monopolunternehmen« stattfinden.

Ganz ähnlich verhält es sich, wenn die Produktion eines Gutes hohe Anfangsinvestitionen erfordert, jede zusätzlich produzierte Einheit des Gutes dann aber nur relativ niedrige zusätzliche Kosten (sogenannte »Grenzkosten«) erfordert. Dies ist insbesondere etwa dann der Fall, wenn zunächst ein umfangreiches Netzwerk an Leitungen, Schienen oder Straßen errichtet werden muss, über die dann die Konsumenten versorgt werden können. Elektrizität, Wasser und Gas, Telekommunikation, Eisenbahn- und Straßenverkehrsnetze sind hier die typischen Beispiele.[135]

Das bekannte Problem, das von privaten Monopolen ausgeht, ist der Monopolpreis, der in aller Regel oberhalb der Stückkosten liegt, wenn das Monopol seinen Gewinn maximiert. Sollen die Kunden des Monopolisten zu einem niedrigeren Preis – und dann mit einer größeren Gütermenge – versorgt werden, kann dies durch staatliche Regulierung und Aufsicht – oder durch staatliches Eigentum am Monopolunternehmen – gewährleistet werden.

Freilich kann sich der Monopolgewinn auch ohne staatliche Eingriffe im Zeitablauf durch Marktkräfte reduzieren – insbesondere dann, wenn Innovationen zu konkurrierenden Gütern führen. Die Nachfrage nach Zündhölzern etwa – und damit der erzielbare Monopolgewinn – ging durch das Aufkommen der preiswerten Einweg-Feuerzeuge in den 1970er Jahren allmählich zurück.[136] Dieses Beispiel zeigt schon, dass Monopole durchaus dem Wettbewerb ausgesetzt sein können. In gewissem Sinne ist ja schon ein Unternehmen, dessen Produkt dem Markenschutz unterliegt – ein Monopol. Coca-Cola beispielsweise wird nur von der Coca-Cola Company und ihren Tochterunternehmen hergestellt und vertrieben – keine andere Unternehmung darf ihr Getränk unter der Bezeichnung »Coca-Cola« anbieten. Aber natürlich steht Coca-Cola im Wettbewerb mit anderen Cola-Getränken. In der Wirtschaftswissenschaft ist daher die Rede von »monopolistischer Konkurrenz«.[137]

Überlegungen dieser Art führten dazu, dass Chicagos Neoliberale wie Milton Friedman oder Aaron Director ihre Ansichten über Monopolunternehmen in den 1960er Jahren geändert hatten. Waren Monopole in den 1940er Jahren noch als »Feinde der Demokratie« angesehen worden, schienen sie nunmehr keine ernsthafte Beeinträchtigung der freien Marktwirtschaft mehr darzustellen – jedenfalls dann nicht, wenn es sich um private Unternehmen handelte.[138] Staatliche Unternehmen galten als ineffizient und sollten nach Möglichkeit privatisiert werden.

Freilich waren es nicht nur die Monopole im engeren Sinn, die etwa Simons 1934 beseitigt oder in staatliches Eigentum überführt sehen wollte, sondern es waren Großunternehmen, die aufgrund ihrer schieren Größe eine die Demokratie bedrohende Macht entfalten können. Waren es im 19. und zu Beginn des 20. Jahrhunderts Industrieunternehmen wie Standard Oil oder US Steel, deren Marktmacht von liberalen Ökonomen kritisiert wurde und zu Kartelle sanktionierender Gesetzgebung geführt hatte, so sind es heute eher die »Big-Tech«-Konzerne wie Google, Apple, Facebook, Amazon und Microsoft, aber auch Vermögensverwalter wie Blackrock oder Vanguard, die aufgrund ihrer Größe Macht ausüben können, ohne dass diese einer – wie auch immer gearteten – demokratischen Kontrolle unterliegt. Insbesondere, wenn sie wie Elon Musks X bewusst und gezielt auf demokratische Prozesse Einfluss nehmen, sind sie erkennbar Feinde der Demokratie.

Über Werbung nehmen freilich auch »traditionelle« Großunternehmen wie Nestlé Einfluss auf Konsumgewohnheiten, der vielfach zu kaum bestreitbaren Schäden führt – etwa zu Schäden gesundheitlicher Art, wenn für zuckerhaltige Lebensmittel geworben wird. Dass Großunternehmen auch über Lobbyismus sehr viel mehr Einfluss auf politische Entscheidungen zu nehmen vermögen als kleinere Unternehmen, resultiert einfach aus der Tatsache, dass Entscheidungen eines Großunternehmens auch eine große Anzahl von Wählern betreffen können – die drohende Produktionsverlagerung ins Ausland etwa kann Politiker leicht dazu veranlassen, im Sinne der Lobbyisten zu entscheiden.

Mehr noch als monopolistische Preissetzung oberhalb der Grenzkosten und die damit einhergehenden Monopolgewinne ist es diese Macht der Großkonzerne, die manche Kritiker des von ihnen diagnostizierten »Monopolismus« dazu bringen, sich auf den »klassischen« Liberalismus eines Henry Simons oder Walter Eucken zu besinnen und dazu aufzurufen, »[mit] dem Liberalismus den Neoliberalismus zu bekämpfen«.[139] Walter Oswalt, ein Enkel Euckens, stellt seinem Plädoyer für einen »Kapitalismus ohne Konzerne« ein Zitat Euckens voran, wonach es »nicht die sogenannten Mißbräuche wirtschaftlicher Macht [sind, die] zu bekämpfen [seien], sondern wirtschaftliche Macht selbst«.[140] Dass die Konzentration wirtschaftlicher Macht ein Problem für die

Demokratie darstellen könnte, war freilich ein Gedanke, der schon in Ludwig Erhards Verständnis von »sozialer Marktwirtschaft« keine bedeutende Rolle spielte. Immerhin war im Nachkriegsdeutschland der IG-Farben-Konzern in BASF, Bayer, Hoechst und eine Reihe kleinerer Unternehmen aufgespalten worden und 1958 war nach dem Vorbild des US-amerikanischen »anti-trust law« das bundesdeutsche »Gesetz gegen Wettbewerbsbeschränkungen« verabschiedet worden.

In den USA gab es schon seit dem »Sherman Act« von 1890 die gesetzliche Grundlage, um gegen Missbrauch von Marktmacht vorzugehen, und Anfang des 20. Jahrhunderts waren Giganten wie American Tobacco, Standard Oil und DuPont »entflochten« – also zwangsweise in kleinere Unternehmen aufgeteilt worden. Aber die neoliberalen Ökonomen hatten spätestens in den 1960er oder 1970er Jahren ihre Ablehnung von Großunternehmen aufgegeben. In einem Interview mit der »National Taxpayers Union« von 1999 etwa sagte Milton Friedman, dass er und George Stigler »shifted from being a strong defender of antitrust in the 1950s to being a firm opponent of antitrust, believing that it was a law that did more harm than good. … I believe we would be better off indeed if we simply repealed the anti-trust laws«.[141] Unternehmer wie Peter Thiel werden noch deutlicher: »Monopoly is … not a pathology or an exception. Monopoly is the condition of every successful business. … competition is an ideology.«[142]

13. Academic Scribblers

Hayek und die Mont Pèlerin Society

Friedrich August Hayek (1899–1992) hatte sich bereits innerhalb der Volkswirtschaftslehre, nicht zuletzt als Kritiker der Keynes'schen Ideen, einen Namen gemacht, als er gegen Ende des Zweiten Weltkriegs mit *The Road to Surfdom* auch weit über die akademische Fachwelt hinaus berühmt wurde. In dem Buch, das 1945 in gekürzter Form auch im Reader's Digest erschien und damit dessen breite Leserschaft erreichte, argumentiert Hayek, dass »the rise of fascism and Marxism was not a reaction against the socialist trends of the preceding period *but a necessary outcome of those tendencies*«.[143] Die sozialistischen Ideen, durch die er die Demokratien seiner Zeit bedroht sah, identifizierte er mit der Überzeugung, zentrale staatliche Planung ökonomischer Aktivitäten sei der Koordination dezentral und individuell aufgestellter Wirtschaftspläne durch freien Wettbewerb überlegen. Diese Überzeugung sei aber ein tragischer Irrtum, denn zentrale staatliche Planung würde notwendigerweise die Konzentration von Macht bedeuten, mit der die individuelle Freiheit der Menschen, das eigene Leben zu gestalten, nach und nach eingeschränkt würde. Zwar räumt Hayek ein, dass der Staat auch in einer freien Wettbewerbsgesellschaft durch Gesetzgebung Zwang ausübt, aber

> … government in all its actions is bound by rules fixed and announced beforehand – rules that make it possible to foresee with fair certainty how the authority will use its coercive powers in given circumstances and to plan one's individual affairs on the basis of this knowledge … Socialist economic planning necessarily involves the very opposite of this. The planning authority cannot tie itself down in advance to general rules which prevent arbitrariness. [144]

Die Koordination der individuellen Pläne durch Wettbewerb gilt Hayek als »the only method that does not require the coercive or arbitrary intervention of authority«.[145]

Auf Initiative von Hayek fand 1947 eine Konferenz am Fuße des Schweizer Mont Pèlerin statt, bei der eine nach dem Gründungsort benannte Gesellschaft entstand – die Mont Pèlerin Society (MPS). Unter den 36 Teilnehmern waren neben Hayek u. a. Vertreter der Chicago School, nämlich Milton Friedman, George Stigler, Frank H. Knight und Aaron Director, aber auch der Brite Lionel Robbins, der Franzose Maurice Allais, der Ungar Michael Polanyi sowie Ludwig von Mises, Walter Eucken und Wilhelm Röpke aus dem deutschsprachigen Raum. Neoliberale Publizisten wie John Davenport, Henry Hazlitt und Leonard E. Read waren ebenso eingeladen wie der Philosoph Karl Popper.

Ein »Statement of Aims« der MPS, das von Hayek, Hazlitt, Eucken und einigen anderen entworfen wurde, beginnt wie folgt:

> Individual freedom can be preserved only in a society in which an effective competitive market is the main agency for the direction of economic activity. … The freedom of the consumer in choosing what he shall buy, the freedom of the producer in choosing what he shall make, and the freedom of the worker in choosing his occupation and his place of employment, are essential not merely for the sake of freedom itself, but for efficiency in production. Such a system of freedom is essential if we are to maximize output in terms of individual satisfaction … each extension of the power of the state gradually erodes the minimum basis for the maintenance of a free society.[146]

Nicht alle der anwesenden Individualisten vermochten dem Wortlaut des Entwurfs zuzustimmen, aber über die wesentlichen Punkte war man sich mehrheitlich einig: Der Staat sollte einen möglichst freien Wettbewerb durch geeignete Gesetzgebung sichern, sich im Übrigen aber aus der Lenkung wirtschaftlicher Aktivitäten heraushalten.

Hazlitt und Read hatten schon 1946 die »Foundation for Economic Education« gegründet, deren »Mission« bis heute unverändert ist:

> FEE's mission is to inspire, educate, and connect future leaders with the economic, ethical, and legal principles of a free society. These principles include: individual liberty, free-market economics, entrepreneurship, private property, high moral character, and limited government.[147]

In den Folgejahren verbreitete eine ganze Reihe ähnlicher »think tanks« den philosophisch-ökonomischen Neoliberalismus unter Politikern und in der öffentlichen Debatte: das »Institute of Economic Affairs« (seit 1955), das »Centre for Policy Studies« (seit 1974) oder das »Adam Smith Institute«[148] in Großbritannien, das »American Enterprise Institute« (seit 1962), die »Heritage Foundation« (seit 1973) oder das »Cato Institute« (seit 1977) in den USA.[149] Wesentlich jüngeren Datums sind in Deutschland zwei Stiftungen und ein Verein, die sämtlich Friedrich August von Hayek im Namen tragen.[150]

Populärwissenschaftliche Schriften wie Hazlitts *Economics in One Lesson*, das 1946 in erster Auflage erschien, argumentierten gegen keynesianisches »deficit spending«, aber auch gegen steuerfinanzierte Staatsausgaben, den »Fetisch der Vollbeschäftigung«, Einkommensteuersätze von 50, 60 oder gar 70 %, gegen Zölle, gegen Mindestlöhne und – seit einer Neuauflage von 1961 – gegen »Mietpreisbremsen«. Der feste Glaube an die stets segensreichen Wirkungen des Preismechanismus ist auch in der Neuauflage von 1979 ungebrochen, einer Neuauflage, die stolz verkündet: »over one million copies sold«:

> It is only the much vilified price system that solves the enormously complicated problem of deciding precisely how much of tens of thousands of different commodities and services should be produced in relation to each other. These otherwise bewildering equations are solved quasi-automatically by the system of prices, profits and costs.[151]

Hayeks *Prices and Production* von 1931 und *The Pure Theory of Capital* von 1941 hatten die Fachwelt nicht überzeugt. Nicht nur, dass Keynes die *Prices and Production* als »frightful muddle« empfand,[152] auch Milton Friedman bezeichnete sich zwar als »an enormous admirer of Hayek, but not for his economics. I think *Prices and Production* is a very flawed book. I think his capital theory book is unreadable. On the other hand, The *Road to Serfdom* is one of the great books of our time.«[153]

Hayek begann daher, die Thesen seines Bestsellers von 1944 wortreich zu untermauern, in den Kontext von politischer Philosophie zu stellen und zu einer umfassenden Weltanschauung auszubauen. Im Jahr 1960 erschien *The Constitution of Liberty* von fast 500 Seiten Länge und ab 1973 das dreibändige Werk *Law, Legislation and Liberty*. Hayek nimmt in diesen Arbeiten zwar immer wieder auf Elemente der Wirtschaftstheorie Bezug, hat aber offenbar die mathematische Wirtschaftstheorie seiner Zeit nur sehr oberflächlich zur Kenntnis genommen.

Im Zentrum von Hayeks Philosophie steht die Freiheit des Individuums – Freiheit im Sinne der Abwesenheit von Zwang. Wie im Modell der vollkommenen Konkurrenz sind es die einzelnen Konsumenten, die frei sein sollen, zu konsumieren, was ihren jeweils subjektiven Präferenzen entspricht, und es sind die einzelnen Unternehmer, die frei sein sollen, Chancen und Risiken möglicher Investitionen einzuschätzen und im Rahmen ihres jeweiligen technologischen Wissens unternehmerisch tätig zu werden. Ihre jeweiligen Talente und ihr Eigentum sollen sie dabei entsprechend ihren individuellen Plänen und Präferenzen einsetzen können, und es ist nur der Markt, der das Zustandekommen einer »spontanen Ordnung« gewährleisten kann: »… it is the market order which makes peaceful reconciliation of the divergent purposes possible – and possible by a process which redounds to the benefit of all«.[154] Konsum und Produktion werden dabei durch die sich auf dem Markt bildenden Preise gelenkt, »…all producers adjusting the relative quantities of the different factors that they use according to their uniform market prices«,[155] und die sich ergebende Allokation der Güter wird als Pareto-Optimum charakterisiert: »… it is impossible so to rearrange production that some consumer gets more of something without in consequence anybody else getting less of anything«.[156] Dass die ungeschützte Übertragung eines Modell-Ergebnisses auf die Wirtschaftswirklichkeit »pretence of knowledge« sein könnte, die er noch zwei Jahre vorher den Keynesianern vorgeworfen hatte, ist Hayek offenbar nicht in den Sinn gekommen.

Dem Staat wird in Hayeks Werk die Rolle zugewiesen, die ihm schon bei Smith zukam: Er soll die Gesetze etablieren und ihre Einhaltung garantieren, die es den Konsumenten und Unternehmern ermöglichen, über ihr Eigentum zu verfügen und Verträge mit anderen einzugehen. Auch wird eingeräumt, dass es öffentliche Güter wie etwa die innere und äußere Sicherheit gibt, die nur durch den Staat bereitgestellt werden können. Um solche legitimen Staatsaufgaben zu finanzieren, sei auch eine proportionale Einkommensbesteuerung nötig. Mit Nachdruck abgelehnt wird dagegen jegliche progressive und auf Umverteilung zielende Besteuerung, da sie eine Verzerrung der sich am Markt bildenden Preise darstellen würde:

> The use that will be made of particular resources depends on the net reward for services, and, if resources are to be used efficiently, it is important that taxation leave the relative recompenses that will be received for particular services as the market determines them.[157]

Selbst die Idee der sozialen oder Verteilungsgerechtigkeit wird von Hayek als widersprüchlich angesehen. Ein minimaler Wohlfahrtsstaat wird allerdings befürwortet und dadurch begründet, dass er am besten die individuelle Freiheit und den besten durchschnittlichen Lebensstandard gewährleisten kann.

Was die Ablehnung von staatlichen Eingriffen in die private Wirtschaftstätigkeit angeht, war Hayek also keineswegs radikal. Andere Mitglieder des Mont-Pèlerin-Kreises übertrafen ihn in dieser Hinsicht gewaltig. So etwa Murray Rothbard, der in seinem 1962 erschienenen *Man, Economy, and State*, einer pseudo-axiomatischen Methodologie folgend, das »Gebäude« einer freien Gesellschaft entwarf, die völlig ohne Staat auskommt und daher später als »Anarchokapitalismus« bezeichnet worden ist. Selbst das Gewaltmonopol des Staates lehnt Rothbard ab. Aus dem »Axiom der freien Gesellschaft« folgt für ihn

> ... the complete absence of a State apparatus or government; for the State, unlike all other persons and institutions in society, acquires its revenue, not by exchanges freely contracted, but by a

> system of unilateral coercion called »taxation.« Defense in the free society (including such defense services to person and property as police protection and judicial findings) would therefore have to be supplied by people or firms who (a) gained their revenue voluntarily rather than by coercion and (b) did not—as the State does—arrogate to themselves a compulsory monopoly of police or judicial protection. Only such libertarian provision of defense service would be consonant with a free market and a free society.[158]

In Schweden hatte die Riksbank zu ihrem 300-jährigen Bestehen 1968 einen »Prize in Economic Sciences in Memory of Alfred Nobel« gestiftet und dessen Eingliederung in die Institutionen der 1895 von Alfred Nobel gestifteten Preise bewerkstelligt. Das fünfköpfige Auswahlkomitee, das zwar formell nicht über die Vergabe des Preises entscheidet, aber doch die Preisträger vorschlägt, hatte eine deutliche Neigung zum Neoliberalismus: Ihre ersten Vorsitzenden Bertil Ohlin und Erik Lundberg standen dem Mont-Pèlerin-Kreis nahe und Assar Lindbeck, der dem Komitee für 25 Jahre angehören würde, war ein Anhänger von Hayek und Verfechter der These von der Effizienz des Marktes.[159] Während der ersten fünf Jahre waren die Preisträger des neuen »Nobelpreises« innerhalb der Wirtschaftswissenschaften weitestgehend unumstritten – die Ökonometriker Ragnar Frisch und Jan Tinbergen, die bereits erwähnten Paul Samuelson, John Hicks und Kenneth Arrow, dann Simon Kuznets, der wesentlich zur Entstehung der volkswirtschaftlichen Gesamtrechnung beigetragen hatte, und Wassily Leontief, dessen Input-Output-Modell die quantitative Verflechtung der verschiedenen Wirtschaftssektoren zu modellieren erlaubt. Das Renommee dieser ersten Preisträger verlieh auch dem Preis selbst den Rang, den die »alten« Nobelpreise bereits genossen.

Im Jahre 1974 jedoch wurde der Preis an Hayek und Gunnar Myrdal vergeben. Myrdals wissenschaftliche Reputation unterlag ebenfalls kaum einem Zweifel, aber im Falle Hayeks war die Fachwelt geteilter Meinung. Myrdal etwa machte selbst anlässlich der Preisverleihung keinen Hehl aus seiner Geringschätzung[160] und berichtete später von Tausenden von Kollegen aus aller Welt, die sich zur Auszeichnung von Hayek überaus kritisch geäußert hätten.[161] Von Professoren der Volkswirtschaftslehre war zu hören:

»Wenn Friedrich Hayek den Nobelpreis erhält, dann kommt jeder von uns dafür in Frage.« Aber es konnte nicht ausbleiben, dass die Reputation des Nobelpreises nun auf Hayek abfärbte. Plötzlich galt seine Befürwortung eines möglichst freien Wettbewerbs, möglichst zurückhaltender Staatstätigkeit und seine Ablehnung progressiver Besteuerung als wissenschaftlich untermauert.

Verstärkt wurde diese Verwechslung von wissenschaftlicher Einsicht und neoliberaler Weltanschauung, als zwei Jahre später der Nobelpreis auch Milton Friedman zugesprochen wurde.

14. Mad(wo)men in Authority

Von Thatcher und Reagan bis Trump und Milei

John Ranelagh, in den 1970er Jahren Mitarbeiter am britischen »Conservative Research Department«, berichtet von einem Besuch Margaret Thatchers im Sommer 1975 wie folgt:

> [A] colleague had … prepared a paper arguing that the ›middle way‹ was the pragmatic path for the Conservative Party to take, avoiding the extremes of Left and Right. Before he had finished speaking to his paper, the new Party leader reached into her briefcase and took out a book. It was Friedrich von Hayek's *The Constitution of Liberty*. Interrupting our pragmatist, she held the book up for all of us to see. ›This,‹ she said sternly, ›is what we believe,‹ and banged Hayek down on the table.[162]

Wenige Jahre später, 1979, gewann Margaret Thatcher mit der Konservativen Partei die Wahlen in Großbritannien und machte sich daran, das Hayek'sche Ideal umzusetzen. Der Spitzensteuersatz der Einkommensteuer wurde unter Thatcher von 83 % auf 40 % gesenkt. Die meisten staatlichen Monopole wurden nach und nach privatisiert:[163] British Petroleum 1977, British Aerospace 1981, British Ports 1983, British Gas in 1986. Auch die Privatisierung von British Rail, seit 1948 im Staatsbesitz, wurde begonnen, indem verschiedene unterstützende Unternehmen verkauft wurden: die Sealink Ferries und British Transport Hotels in 1984, Travellers Fare in 1988 und British Rail Engineering Limited 1989. Ein Jahr vor Thatchers Rücktritt wurde auch die Wasserversorgung in England und Wales privatisiert.[164] Zahlreiche Beschränkungen der »wirtschaftlichen Freiheit« wurden beseitigt, so etwa alle Konvertibilitätsbeschränkungen des britischen Pfunds; zahlreiche Bauvorschriften wurden durch den Building Act von 1984 aufgehoben; mit der als »Big Bang« bekannten Deregulierung der Londoner Aktienbörse wurden u. a. ausländische Firmen zum Handel zugelassen und eine elektronische Handelsplattform eingerichtet. Die Tätigkeit von Gewerkschaften wurde durch den »Employment Act« von 1980 und einen zweiten von 1982 beschränkt. Ein »Trade Union Act« folgte 1984 und ein weiterer »Employment Act« 1988.[165] »Closed-shop«-Vereinbarungen wurden stark eingeschränkt und die Entlassung von streikenden Arbeitern erleichtert.

Jenseits des Atlantiks hatte die Chicago School in Chile bereits Einfluss gewonnen, als die 1970 demokratisch zustande gekommene Regierung des Sozialisten Allende 1973 durch einen blutigen, seitens der Nixon-Administration unterstützten Militärputsch gestürzt und durch eine brutale Diktatur unter dem General Augusto Pinochet ersetzt wurde. Die Tätigkeit der in Chicago ausgebildeten »Chicago Boys« unter dem Pinochet-Regime ist ausführlich dokumentiert worden und kann hier nicht im Einzelnen dargestellt werden.[166] Es ist jedoch klar, dass weder Hayek noch Friedman Skrupel hatten, in das Chile Pinochets zu reisen und sich ungeachtet des internationale Empörung auslösenden Terrors gegen Oppositionelle persönlich mit dem Diktator zu treffen. Friedman reiste bereits 1975 gemeinsam mit Arnold Harberger nach Chile, hatte eine 45-minütige Unterredung mit Pinochet und beriet ihn auch schriftlich; Hayek reiste 1977, um einen Ehrendoktortitel zu empfangen, der ihm auf Initiative von chilenischen Mitgliedern der Mont Pèlerin Society verliehen werden sollte; er hatte ebenfalls ein Treffen mit Pinochet, pries die Wirtschaftsreformen des Regimes in Zeitungsinterviews[167] und schrieb an die »Times«: »I have not been able to find a single person even in much maligned Chile who did not agree that personal freedom was much greater under Pinochet than it had been under Allende«[168] – eine Aussage, zu der sarkastisch bemerkt worden ist, dass Hayek schwerlich Gesprächspartner unter den Tausenden von Oppositionellen finden konnte, die vom Pinochet-Regime und seinen Todesschwadronen bereits ermordet worden waren.[169]

Die Wirtschaftsreformen des Pinochet-Regimes bestanden vor allem darin, den von Allende eingeschlagenen »chilenischen Weg des Sozialismus« rückgängig zu machen, also in weitestgehenden Reprivatisierungen der unter Allende verstaatlichten Industrien und Banken, in drastischen Kürzungen der staatlichen Sozialausgaben, Verbot der meisten Gewerkschaften und Abschaffung des Streikrechts. Immerhin gelang es, durch eine restriktive Geldpolitik die Inflation einzudämmen, die unter Allende bis über 600% gestiegen war.

In den USA begann sich der Einfluss neoliberaler Überzeugungen auf die Politik nicht erst mit Ronald Reagan durchzusetzen. Noch unter dem Demokraten Jimmy Carter wurde etwa 1980 der »Depository Institutions Deregulation and Monetary Control Act« verabschiedet, der eine ganze Reihe von Beschränkungen aufhob, denen Banken bis dahin unterworfen waren. Offenkundig aber war der Einfluss Milton Friedmans auf Ronald Reagan, für den Friedman schon als wirtschaftspolitischer Berater tätig war, als Reagan noch Gouverneur von Kalifornien war. Er beriet ihn auch während Reagans Präsidentschaftswahlkampf und stellte seine wirtschafts- und gesellschaftspolitischen Vorstellungen in popularisierter Form 1980 in einer 10-teiligen Fernsehserie »Free to Choose« und einem Buch gleichen Titels dar. Ausgiebig Adam Smith zitierend, pries er darin »die Kraft des Marktes« und brandmarkte »die Tyrannei der staatlichen Lenkung«. Nach Reagans Amtsantritt 1981 gehörte er zu dessen »Economic Policy Advisory Board«.[170]

Ronald Reagan hat den Einfluss der Neoliberalen auf sein eigenes Weltbild ausdrücklich anerkannt. Er nannte sie namentlich in einer Rede bei der »Conservative Political Action Conference« im März 1981:

> Intellectual leaders like Russell Kirk, Friedrich Hayek, Henry Hazlitt, Milton Friedman, James Burnham, Ludwig von Mises – they shaped so much of our thoughts.[171]

So gestalteten die Ideen der Genannten auch die Politik der Reagan-Ära. Auch Arthur Laffers Überzeugung, dass eine Reduktion der Steuersätze zu einem Wachstum des Steueraufkommens führen würde, spielte eine Rolle. Der Spitzen-Grenzsteuersatz wurde von 70% zunächst auf 50% und dann 1986 auf 28% reduziert.[172]

Zahlreiche Gesetze und Verordnungen wurden aufgehoben oder geändert, um Unternehmen mehr Freiheiten zu gewähren und mehr Wettbewerb zu etablieren. So wurde etwa das Telefonmonopol von AT&T, das schon unter Reagans Vorgängern beschnitten worden war, 1982 endgültig beendet. Deregulierung im Transportsektor erfolgte durch den »Bus Regulatory Reform Act of 1982« und den »Surface Freight Forwarder Deregulation Act of 1986«. Durch den »Garn-St. Germain Depository Institutions Act« von 1982 wurden unter anderem Hypothekarkredite mit variablem Zinssatz ermöglicht;[173] die Tätigkeit der Umweltschutzbehörde EPA wurde drastisch reduziert,[174] und der Rundfunk wurde u. a. dadurch dereguliert, dass die seit 1949 geltende Fairness Doktrin aufgehoben wurde, die es den Rundfunkanstalten auferlegt hatte, über kontroverse Angelegenheiten von öffentlichem Interesse auf ausgewogene Art und Weise zu berichten.[175]

Ebenso wie Thatcher ging auch Reagan gegen die Macht der Gewerkschaften vor. Kurz nach Amtsantritt beendete er einen – freilich illegalen – Streik der PATCO, in der Beschäftigte der Flugsicherheit organisiert waren, durch Entlassung von mehr als 11.000 Streikenden.[176] In der Folgezeit sank die Zahl der Arbeitskämpfe, sie endeten häufig mit der Entlassung von Streikenden und der gewerkschaftliche Organisationsgrad der Arbeiter ging deutlich zurück. Die abnehmende Verhandlungsmacht der Gewerkschaften spiegelte sich auch im Lohnniveau: Der durchschnittliche Stundenlohn von Männern ohne Hochschulreife, der 1980 noch fast 15 USD betragen hatte, reduzierte sich preisbereinigt bis 1988 auf nur noch 13,55 USD.[177]

Die neoliberalen Maßnahmen – Deregulierung, Privatisierung und Steuersenkungen – endeten freilich nicht mit den Amtszeiten von Thatcher und Reagan. So wurde etwa 1993 unter Thatchers Nachfolger John Major »British Rail« privatisiert oder 1999 unter dem Demokraten Bill Clinton der »Glass-Steagall Act«, den Frank Knight und Henry Simons befürwortet hatten, wieder aufgehoben. Auch der Einfluss des bekennenden Libertären Alan Greenspan, der von Reagan zum Zentralbankchef berufen worden war und von Clinton eine zweite Amtszeit erhielt, ist dokumentiert worden.[178]

Neoliberale Politik galt zunehmend nun auch in vielen anderen Ländern als durch ökonomischen Sachverstand geboten. Reaganomics und Thatcherismus waren Vorbild für die Regierungen in Australien ab 1986 unter Bob Hawke,[179] die »Rogernomics« in

Neuseeland ab 1984 unter David Lange und seinem Finanzminister Roger Douglas,[180] in Argentinien unter Menem und seinem Wirtschaftsminister Cavallo ab 1989.[181]

Auch in Europa wurde durch das Weißbuch der Europäischen Kommission von 1985, das den Weg zum »europäischen Binnenmarkt« skizzierte, »eine kraftvolle und konsequente Wettbewerbspolitik« eingeleitet.[182]

In Deutschland, wo nach dem Zweiten Weltkrieg Ideen des Ordoliberalismus eines Walter Eucken, Franz Böhm und Wilhelm Röpke mehr schlecht als recht in die »soziale Marktwirtschaft« umgesetzt worden waren, setzte sich der Neoliberalismus 1982 durch – nach dem Sturz der sozialliberalen Regierung unter Helmut Schmidt infolge der Veröffentlichung des »Lambsdorff-Papiers«.[183] Darin war eine Abkehr vom Keynesianismus, eine Beschränkung des Sozialstaats und eine Deregulierung der Märkte gefordert worden – Forderungen, welche die »schwarz-gelbe« Regierung unter Helmut Kohl dann umzusetzen begann. Im Bundestag verkündete Kohl:

> Eine Wirtschaftsordnung ist um so erfolgreicher, je mehr sich der Staat zurückhält und dem einzelnen seine Freiheit läßt. … Wir wollen nicht mehr Staat, sondern weniger.[184]

Im 1985 verabschiedeten »Gesamtkonzept für die Privatisierungs- und Beteiligungspolitik des Bundes« hieß es ganz in der Wortwahl neoliberaler Ökonomen: »Privates Eigentum und privatwirtschaftlich, durch Markt und Wettbewerb gesteuerte und kontrollierte unternehmerische Tätigkeit gewährleisten am besten wirtschaftliche Freiheit, ökonomische Effizienz und Anpassung an sich verändernde Märkte«.[185] Die staatlichen Monopole bzw. Beteiligungen in Telekommunikation, Eisenbahn, Wohnungswirtschaft, Versorgung mit Wasser, Strom und Gas sowie Luftfahrt, Fernsehen und Post wurden in der Folge nach und nach privatisiert und für den Wettbewerb geöffnet.[186] Der Spitzensteuersatz der Einkommensteuer wurde 1990 von 56 % auf 53 %, und dann zwischen 2000 und 2005 unter Kanzler Schröder schrittweise auf 42 % gesenkt. Unter der großen Koalition wurde er 2007 wieder etwas auf 45 % angehoben, nur um 2009 für Kapitaleinkünfte auf die progressionsfreie

Abgeltungssteuer von 25 % gesenkt zu werden. Die damit nach dem Vorbild von Dänemark, Finnland und Schweden eingeführte »duale Einkommensteuer« gilt bis heute. Die Erhebung der Vermögensteuer ist seit 1997 gänzlich ausgesetzt.

Vermögensteuern abgeschafft wurden auch in Irland, Österreich, Italien, Dänemark, Finnland und Schweden. Von den 36 OECD-Ländern erheben heute nur noch fünf eine Vermögensteuer.[187]

Als nach dem Zusammenbruch des Ostblocks die Länder Osteuropas ihre Wirtschafts- und Gesellschaftsordnung umgestalteten, wurden neoliberale Rezepte ebenfalls – in unterschiedlich radikalem Ausmaß – umgesetzt. Die Betriebe der DDR etwa, die »volkseigenes Vermögen« gewesen waren, wurden in nur vier Jahren von der Treuhand an meist westdeutsche Investoren verkauft.[188] Leszek Balcerowicz, dessen Zehnpunkteplan Polen per »Schocktherapie« in eine Marktwirtschaft transformierte, war in den 1970er Jahren in New York zum »Master of Business Administration« ausgebildet worden. Er wurde später ebenso Mitglied der Mont Pèlerin Society wie Václav Klaus, der in Tschechien als Finanzminister die Coupon-Privatisierung durchsetzte und als Ministerpräsident eine »Marktwirtschaft ohne Adjektive« – also insbesondere ohne das Adjektiv »sozial« – propagierte.[189] Die Privatisierungen in Russland unter Jelzin ließen die heutige russische Oligarchie entstehen. »Flache« Einkommensteuertarife – also Tarife ohne Progression – wurden ganz nach neoliberalen Grundsätzen in vielen Ländern Osteuropas eingeführt.

Auch auf internationale Organisationen, wie die 1995 gegründete Welthandelsorganisation WTO oder die Weltbank hatten die neoliberalen Überzeugungen entscheidenden Einfluss. Aus einem 1991 geführten Interview mit Lawrence Summers, damals Chefökonom der Weltbank, wird etwa berichtet:

> ›What is the single most important thing to learn from an economics course today?‹ Summers asked. ›What I tried to leave my students with is the view that the invisible hand is more powerful than the hidden hand. Things will happen in well-organized efforts without direction, controls, plans. That's the consensus among economists. That's the Hayek legacy.‹[190]

Die Weltbank, der Internationale Währungsfond IMF, die US-Regierung, die Inter-American Development Bank und »the think tanks concerned with economic policy«[191] stimmten nach dem Urteil von John Williamson (1937–2021) im Wesentlichen darin überein, welche wirtschaftspolitischen Maßnahmen von den krisengeschüttelten lateinamerikanischen Ländern in den 1980er und 1990er Jahren erwartet wurden. Unter der von Williamson geprägten Bezeichnung »Washington Consensus« gehörten dazu der Abbau von staatlichen Defiziten, Privatisierung von Staatseigentum, Liberalisierung des Außenhandels und Öffnung für ausländische Investoren, Beseitigung von Regulierungen, die Markteintritt und Wettbewerb behindern, sowie eine Einkommensteuer mit breiter Steuerbasis und moderaten Grenzsteuersätzen.[192] Williamson fasste zusammen:

> The economic policies that Washington urges on the rest of the world may be summarized as prudent macroeconomic policies, outward orientation, and free-market capitalism. It practices the last of these with more consistency than the first two…[193]

Bis in die jüngste Zeit beeinflusst auch die skurrile Gedankenwelt eines Murray Rothbard Populisten wir Donald Trump und Javier Milei, die Staatsausgaben mit der notorischen Kettensäge kürzen.[194]

15. Im Griff der unsichtbaren Hand

Als in den 1970er Jahren die neoliberalen Ideen anfingen, politische Richtungsentscheidungen zu leiten, war die These von der »unsichtbaren Hand« bereits gründlich widerlegt – die Überzeugung nämlich, dass eine Marktwirtschaft mit möglichst freiem Wettbewerb eine gesellschaftlich optimale Allokation der Ressourcen gewährleistet. Immerhin ein Teil der damals jüngeren Generation von Wirtschaftstheoretikern, die mit dem AD-Modell vertraut waren, verstanden die Annahmen und damit die sehr beschränkte Aussagekraft des Modells. Das »fundamentale Theorem der Wohlfahrtstheorie«, das manche als präzise und beweisbare Formulierung der Smith zugeschriebenen These betrachten konnten, galt nur bei Abwesenheit sämtlicher Externalitäten und auch dann nur im Gleichgewicht. Externalitäten sind aber so allgegenwärtig, dass das Pareto-Theorem selbst dann nichts über die reale Welt aussagen würde, wenn das AD-Modell im Übrigen die Welt adäquat beschreiben und die Welt sich im Gleichgewicht befinden würde. Es gab aber keinen Grund zu der Annahme, dass »die Marktkräfte« stets zum Gleichgewicht führen würden, und in OLG-Modellen war nicht einmal Pareto-Effizienz im Gleichgewicht gewährleistet. Zunehmend war die Spieltheorie und mit ihr die Untersuchung der Rolle von Informationen ins Zentrum der wirtschaftstheoretischen Forschung gerückt und beides zeigte immer wieder und mit aller Deutlichkeit, dass Pareto-Effizienz selbst im Gleichgewicht nicht zu erwarten war. Nicht zuletzt war der Fachwelt zunehmend klar, dass Effizienz keineswegs gesellschaftliche Optimalität bedeutet.

Man muss Stiglitz zustimmen, wenn er feststellt:

> The great irony of history is that neoliberalism became a global ideology just as economic theory was helping us to understand the limitations of markets.[195]

Aber es waren natürlich in den 1970er und 1980er Jahren nicht die jungen, mit dem AD-Modell und seinen Tücken vertrauten Wirtschaftstheoretiker, die als wirtschaftspolitische Berater Einfluss gewannen, sondern die älteren, die gegen den nicht mehr überzeugend praxistauglichen Keynesianismus argumentierten und von denen einige für ihre wissenschaftlichen Leistungen mit dem Nobelpreis ausgezeichnet wurden. Hayek war 1974 bereits 75 Jahre alt, Friedman war immerhin 64, als er 1976 den Preis bekam.

Man muss davon ausgehen, dass in den 1970er und 1980 Jahren auch diejenigen Volkswirte, die nicht mit der Mathematik des AD-Modell vertraut waren – und davon gab es viele –, immerhin wussten, dass es ein »Fundamentaltheorem der Wohlfahrtstheorie« gab, das man interpretieren konnte als »vollkommener Wettbewerb führt zu einer Pareto-optimalen Allokation der Ressourcen«. Dass diese Lesart des Pareto-Theorems wesentliche Annahmen ignoriert, dürfte den eher makroökonomisch und wirtschaftspolitisch orientierten Ökonomen ebenso wenig bewusst gewesen sein wie der Umstand, dass »Pareto-Optimalität« ein zumindest irreführender Ausdruck ist.

In einem humoristischen Essay mit dem Titel »Life among the Econ« karikierte Axel Leijonhufvud 1973 die soziale Struktur der Volkswirte als durch Kasten, Status und eine Hackordnung geprägt.[196] Seiner Feststellung, dass der Priester-Kaste der »Math-Econs« von den Micros und Macros der höchste Respekt gezollt wird, entspricht die Tatsache, dass in der Literatur und nicht zuletzt in den Lehrbüchern häufig fragwürdige Behauptungen durch Berufung auf Theoreme der mathematischen Ökonomie »untermauert« werden, ohne die Voraussetzungen und Interpretationsbedürftigkeit der Theoreme mit der nötigen Sorgfalt zu behandeln. Die Berufung auf ein »Fundamentaltheorem der Wohlfahrtstheorie« als Begründung für die »Effizienz der Marktwirtschaft« ist hierfür das vielleicht bedeutendste Beispiel.

Erstaunlich ist, dass in den ersten Jahrzehnten des 21. Jahrhunderts die unsichtbare Hand noch immer ihr Unwesen treibt. Natürlich hat es in der spezialisierten akademischen Literatur auch immer wieder Arbeiten gegeben, die sich differenziert und kritisch mit Smith' Metapher auseinandersetzen.[197] Als Joseph Stiglitz gemeinsam mit George Akerlof und Mike Spence 2001 den Nobelpreis für Wirtschaftswissenschaften erhielt, hielt er eine Rede mit dem Titel »Information and the Change in the Paradigm in Economics«, die eine solche kritische Auseinandersetzung mit dem neoliberalen Paradigma enthält. Dennoch stellte er fest:

> Perhaps the most important single idea in economics is that competitive economies lead, as if by an invisible hand, to a (Pareto) efficient allocation of resources.[198]

Jedenfalls ist es eine der wirkungsmächtigsten Ideen der Volkswirtschaftslehre und die von Stiglitz gewählte Formulierung zeigt sehr deutlich, wie sehr sich die vage, metaphorische Aussage von Adam Smith über zweieinhalb Jahrhunderte hinweg zugleich erhalten und verwandelt hat. Stiglitz konnte ungeachtet seiner Verwendung des Kuhn'schen Paradigma-Begriffs 2001 keineswegs die Ablösung des alten Paradigmas durch ein neues verkünden. Noch 2011 schreibt Franklin Fisher:

> The two welfare theorems ... provide the rigorous justification for the view that free markets are desirable (although they say nothing about fairness, or any other desirable attribute other than Pareto-efficiency). It is not an overstatement to say that they are the underpinnings of Western capitalism.[199]

Auch in viel verwendeten Lehrbüchern findet man bis in die jüngste Zeit hinein Aussagen wie diese:

> Smith is saying that participants in the economy are motivated by self-interest and that the ›invisible hand‹ of the marketplace guides this self-interest into promoting general economic wellbeing. Many of Smith's insights remain at the centre of modern economics.[200]

Dass das herrschende Paradigma einer Wissenschaft ungeachtet vieler Anomalien über lange Zeiträume hinweg das Weltbild der Wissenschaftler und dann auch der durch sie beeinflussten Gesellschaft prägen kann, ist in der Wissenschaftstheorie seit Kuhn, Lakatos, und Paul Feyerabend fast ein Gemeinplatz. Aber dass die unsichtbare Hand die Wirtschaftswissenschaft noch immer so fest im Griff hat, obwohl sie seit ca. 50 Jahren entkräftet sein müsste, bedarf der Erklärung. Sie speist sich aus mehreren Faktoren.

Zunächst ist schon von Kuhn bemerkt worden, dass es auch in den Naturwissenschaften lange dauern kann, bis ein neues Paradigma das alte ablöst:

> Copernicanism made few converts for almost a century after Copernicus' death. Newton's work was not generally accepted, particularly on the continent, for more than half a century after the *Principia* appeared.[201]

Denn auch für Wissenschaftler gilt Keynes' Feststellung, dass »there are not many who are influenced by new theories after they are twenty-five or thirty years of age«. Insbesondere zwingt das inzwischen erreichte Ausmaß der Spezialisierung in der Wissenschaft die meisten Wissenschaftler dazu, auf dem einmal betretenen Spezialgebiet der Forschung zu bleiben, »Normalwissenschaft« zu betreiben und zu publizieren und sich um Grundannahmen – den »harten Kern« ihres Forschungsprogramms – eher weniger zu kümmern. Ein Paradigma wird oft erst dadurch überwunden, dass seine Anhänger aussterben. Auch darauf hat Kuhn hingewiesen.

Zweitens wird ein Paradigma oder Forschungsprogramm erst dann aufgegeben, wenn ein neues zur Verfügung steht, das dem alten in wesentlicher Hinsicht überlegen ist – oder doch überlegen zu sein verspricht. Wenn wir das Forschungsprogramm der Spieltheorie als Konkurrenz zum neoliberalen dargestellt haben, so ist festzustellen, dass sich die Vielseitigkeit und Fruchtbarkeit der Spieltheorie erst im Laufe von Jahrzehnten herausstellte. Nobelpreise für Spieltheoretiker, nämlich für John Harsanyi, John Nash, und Reinhard Selten, gab es erst 1994, also ein halbes Jahrhundert nach Erscheinen des grundlegenden Werks von Neumanns und Morgensterns. Zudem haben eine ganze Reihe von Modellen der Wirtschaftswissenschaft, die nach wie vor als überaus nützlich gelten können, mit Spieltheorie wenig zu tun – so etwa Marshalls partialanalytisches Marktmodell. Es ist daher kaum davon auszugehen, dass die Spieltheorie alle anderen Modelle der Wirtschaftswissenschaft verdrängen könnte. Eher wird die Wirtschaftswissenschaft weiterhin von konkurrierenden Forschungsprogrammen geprägt sein. Die Etablierung des Keynesianismus und seine Ablösung durch den Neoliberalismus belegt, dass die Dominanz eines Forschungsprogramms vorübergehend sein kann und dass ein Forschungsprogramm, das als überwunden gilt, im Lichte neuer Probleme und Argumente zu neuem Leben erwachen und sich in modifizierter Form erneut durchsetzen kann.

Drittens sollte die Rolle der »vested interests«, die Keynes in seiner Aussage über die Macht der Ideen herunterspielte, nicht unterschätzt werden. Ohne Zweifel wurde und wird der Verbreitung neoliberaler Ideen »von interessierter Seite« finanzielle Unterstützung zuteil, auf die Keynesianer oder gar »kapitalismuskritische« Ökonomen nicht hoffen konnten. Die Unterstützung durch den Volker Fund etwa, die Hayek und der Chicago School dabei half, ihre Ideen auszuarbeiten und zu verbreiten, ist ausführlich dokumentiert worden.[202] Auch den zuvor genannten »think tanks« und Stiftungen fehlte und fehlt es nicht an finanzkräftigen Förderern. Auch wenn man zwischen wissenschaftlicher Einsicht und Weltanschauung unterscheiden kann, ist doch die Tätigkeit von Wissenschaftlern immer auch von ihrer Weltanschauung und von Interessen geleitet. Dass die Tätigkeit in einer »Denkfabrik«, die einer bestimmten Weltanschauung verpflichtet ist, nicht dieselbe Art von akademischer Freiheit genießt, wie sie etwa an deutschen Universitäten gewährleistet wird, muss Wissenschaftler nicht davon abhalten, ihren Lebensunterhalt an einer solchen Institution zu verdienen, wenn sie die jeweilige Weltanschauung teilen. Als Wissenschaft gilt aber in der Öffentlichkeit vielfach auch der Output solcher weltanschaulich verpflichteter oder interessengesteuerter Institute und selbst Wissenschaftler übersehen oft, dass Kollegen ihre Studien auf eine bestimmte »Botschaft« hin ausrichten.

Jedenfalls ist festzuhalten, dass große Teile der Wirtschaftswissenschaft und mit ihnen Öffentlichkeit und Politik – durch Wissenschaft informiert und beraten – kaum weniger als ein halbes Jahrhundert fest »im Griff der unsichtbaren Hand« gewesen sind.

16. Das Kapital im 21. Jahrhundert

Wie hat sich ein halbes Jahrhundert neoliberaler Politik ausgewirkt? Die unterschiedlichsten Fehlentwicklungen der vergangenen Jahrzehnte sind dem Neoliberalismus angelastet worden. Hier soll nicht der Versuch unternommen werden, die mittlerweile sehr umfangreiche Literatur zu diesem Themenkreis zu würdigen.[203] Jeder Versuch, bestimmte Entwicklungen ursächlich auf die dargestellte Politik und damit auf die ihr zugrunde liegenden Überzeugungen zurückzuführen, sieht sich freilich – wie jede historische Erklärung – dem Problem gegenüber, kontrafaktische Überlegungen anstellen zu müssen.[204] Wie hätte sich die Welt entwickelt, wenn sich die neoliberalen Überzeugungen nicht durchgesetzt hätten? Wären die Dotcom-Krise von 2000 oder die Subprime-Krise von 2008 ausgeblieben? Jedenfalls was die letztere angeht, gibt es gute Gründe, die Deregulierung des Finanzsektors in den USA für zumindest mitverantwortlich anzusehen, aber auch Argumente dagegen.[205]

Wäre die Zahl der weltweit Hungernden deutlich unterhalb der heutigen 700 Millionen, wenn nicht der Washington Consensus zahlreichen Ländern neoliberale Maßnahmenkataloge aufgenötigt hätte? Es lassen sich gute Argumente für eine solche Vermutung anführen, aber die Debatte um wirtschaftliche Entwicklung, Globalisierung und Entwicklungshilfe ist zu facettenreich, kontrovers und voller Fallstricke, um hier eine einfache Aussage treffen zu können.[206]

Wären Maßnahmen zur Begrenzung des Klimawandels energischer und rechtzeitiger ergriffen worden, wenn sich die neoliberalen Überzeugungen nicht durchgesetzt hätten? Angesichts der neoliberalen Vernachlässigung externer Effekte – und damit der Auswirkungen von Treibhausgasen und anderer Emissionen – wird man dies für plausibel halten dürfen. Reagans Kürzungen im Umweltschutzbereich, George W. Bushs Ablehnung des Kyoto-Protokolls bis hin zur radikalen Deregulierung des Umweltschutzes unter Trump und seinem Umweltbehördenchef Zeldin[207] passen ins neoliberale Maßnahmenarsenal. Ihnen einen ursächlichen Beitrag zur globalen Erwärmung zuzuschreiben, bedeutet nur, sie mit dem kontrafaktischen Szenario zu vergleichen, in dem diese Maßnahmen unterblieben wären. Allerdings dürfte auch die schlichte Leugnung von anthropogenem Klimawandel eine Rolle dabei gespielt haben, dass Maßnahmen zur Begrenzung des Klimawandels nicht oder nur zögerlich ergriffen worden sind. Die Leugnung des Klimawandels fügt sich freilich gut ins neoliberale Weltbild ein und wird vielfach von denselben Medien und Denkfabriken propagiert wie der Ruf nach einem »schlanken« Staat, nach Deregulierung und Steuersenkungen.[208]

Wir wollen aber hier auf eine andere Fehlentwicklung eingehen, die wir für ähnlich besorgniserregend halten wie den Klimawandel – die Konzentration von Macht und Vermögen in den Händen weniger.[209] Die Konzentration des Kapitals und die mit ihr einher gehende Zunahme der Ungleichheit war außerhalb der auf Karl Marx (1818–1883) rekurrierenden Literatur von den Wirtschaftswissenschaften weitestgehend vernachlässigt worden, bis sie vor allem durch Arbeiten von Anthony Atkinson (1944–2017) seit den 1970er Jahren zum Forschungsgegenstand wurde, der langsam, aber zunehmend die Aufmerksamkeit der Ökonomen erfuhr.[210] Besondere Beachtung über die Fachwissenschaft hinaus fand das 2014 erschienene Buch *Capital in the Twenty-First Century* des französischen Ökonomen Thomas Piketty, das auf fast 700 Seiten in aller Ausführlichkeit die Entwicklung der Vermögens- und Einkommensungleichheit in Europa und Nordamerika, aber auch in anderen Ländern der Welt darstellt und analysiert. Mittlerweile ist um Piketty herum ein weltweites Netzwerk von Wissenschaftlern entstanden, die sich der Erforschung und Dokumentation der Ungleichheit widmen und dazu die »World Inequality Database« geschaffen haben. Umfangreiches und aktualisiertes statistisches Material enthält auch der »World Inequality Report«, der zuletzt 2022 erschien.[211]

Darin finden sich zunächst Daten zum Wachstum des privaten Nettovermögens und zum Rückgang des staatlichen. Die folgende Grafik (Abb. 10) illustriert dies für die USA, Großbritannien und Deutschland, aber die Verläufe sind ähnlich für z. B. Frankreich, Spanien und Japan.

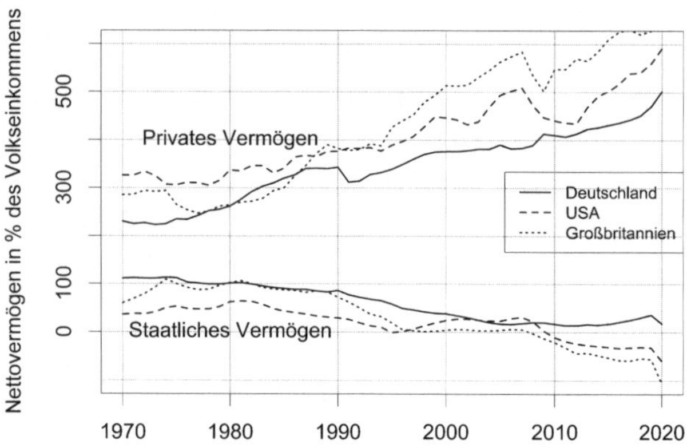

Abb. 10: Privates vs. staatliches Vermögen in DE, GB und USA nach Daten von wir2022.wid.world

Während in der vom Neoliberalismus geprägten öffentlichen Debatte regelmäßig auf die Staatsquote verwiesen wird, die angibt, welchen Anteil am Sozialprodukt die Staatsausgaben ausmachen, und die beispielsweise in Deutschland, USA bzw. Großbritannien bei ca. 50 %, 37 % bzw. 44 % (in 2022) lag, zeigt die Grafik deutlich, dass das private Nettovermögen in den vergangenen 50 Jahren stark zugenommen hat, während das staatliche im Vergleich zum Volkseinkommen deutlich zurückging. Lag das private Vermögen 1970 noch beim Zwei- bis Dreifachen des Volkseinkommens, beträgt es mittlerweile das Fünf- bis Sechsfache. Das staatliche Nettovermögen ist nicht zuletzt durch Verschuldung zurückgegangen, insbesondere infolge der Finanzkrise 2008 bzw. der Pandemie 2020, als die Regierungen notgedrungen auf keynesianisches »deficit spending« zurückgriffen. Dies bedeutete aber auch ein gleichzeitiges Wachstum des privaten Vermögens, da den staatlichen Schulden private Forderungen gegenüberstehen. Zum kontinuierlichen Rückgang des staatlichen Vermögens haben aber auch die zahlreichen Privatisierungen vormals staatlicher Unternehmen beigetragen.

Vom Wachstum des privaten Vermögens haben nun nicht alle Bevölkerungsschichten gleichmäßig profitiert. Während die ohnehin Vermögenden ihren Anteil am Gesamtvermögen zum Teil sehr deutlich steigern konnten, hat sich der Anteil der ärmeren Hälfte der Bevölkerung auf einem sehr geringen Niveau kaum verändert oder ist gar zurückgegangen. Besonders deutlich trifft dies auf die USA zu, wie die Abbildung 11 veranschaulicht.[212]

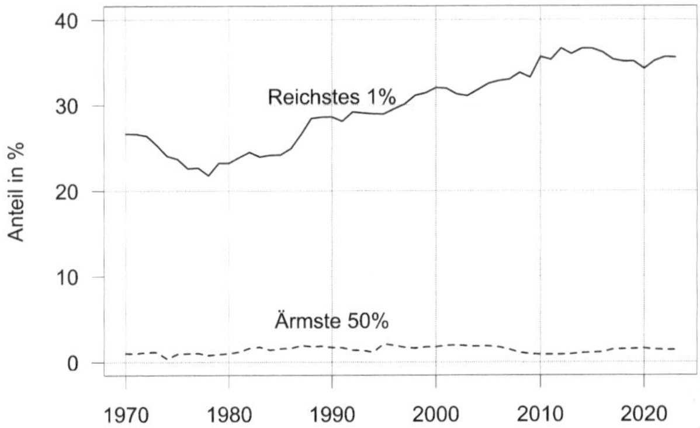

Abb. 11: Anteile des reichsten 1% und der ärmsten 50% am privaten Nettovermögen in den USA nach Daten der World Inequality Database

Die ärmere Hälfte der US-Bevölkerung besitzt zusammen nicht einmal 2% des privaten Vermögens der USA und dieser Anteil hat sich in den vergangenen 50 Jahren kaum verändert. Das reichste Prozent dagegen besaß 1970 einen Anteil von ca. 28% und dieser Anteil ist bis heute auf ca. 35% gestiegen. Da sich Anteile stets zu 100% addieren, kann man folgern, dass der Anteil der 49% der Bevölkerung, die reicher sind als die ärmere Hälfte, aber nicht zu den vermögendsten 1% gehören, von ca. 70% auf ca. 63% gesunken ist.

In den Anteilen spiegelt sich freilich nicht wider, dass das private Vermögen insgesamt kräftig gewachsen ist. Für den Zeitraum ab 1995 liegen auch mittlere absolute Vermögenswerte der verschiedenen Bevölkerungsschichten vor. Das Auseinanderdriften der reichsten 1% einerseits und der ärmeren Hälfte der US-Bürger andererseits wird in solchen absoluten Zahlen noch deutlicher.

Während das mittlere Vermögen des reichsten Hundertstels der US-Bevölkerung sich innerhalb von 25 Jahren von ca. 6,5 Millionen USD auf ca. 19 Millionen fast verdreifacht hat, besitzt die

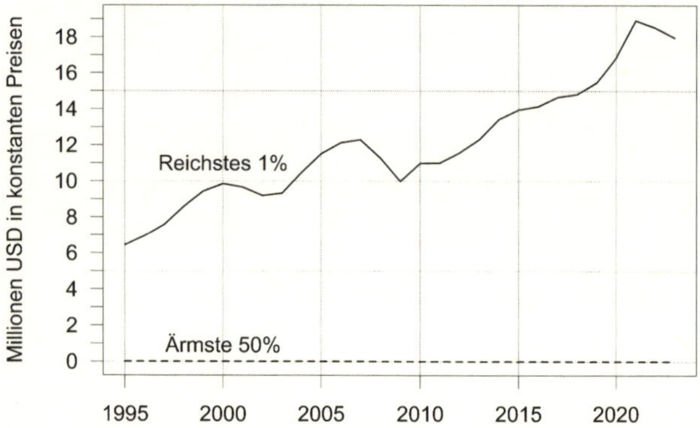

Abb. 12: Mittlere Vermögen des reichsten 1% und der ärmsten 50% in den USA nach Daten der World Inequality Database

ärmere Hälfte nach wie vor fast kein Vermögen: Im Mittel hat es gerade mal von 5000 auf 7000 USD zugenommen (Abb. 12). Vielleicht noch deutlicher als an den Vermögenswerten ist das Auseinanderdriften von Arm und Reich im Laufe der vergangenen 50 Jahre an den Einkommensanteilen zu erkennen. Während die Einkommen der ärmeren Hälfte der US-Einwohner 1970 noch einen Anteil von über 20% am Gesamteinkommen darstellten und der Anteil des obersten 1% der Einkommen nur gut 10% betrug, haben sich die Verhältnisse mittlerweile umgekehrt: Die obersten 1% der Einkommen stellten 2023 einen Anteil von mehr als 20% an den Gesamteinkommen dar, während der Anteil der unteren 50% auf nicht viel mehr als 13% gesunken ist (Abb. 13).

Wir wollen uns hier aber auf die Vermögensungleichheit konzentrieren, denn es ist das Vermögen, das am unmittelbarsten als Maß der Macht angesehen werden kann. Der deutsche Begriff »Vermögen« hat ja nicht von Ungefähr die Doppelbedeutung von Eigentum und Können. Wer ein hohes Vermögen besitzt, vermag mehr Dinge, Menschen, Bilder und Meinungen zu bewegen als jemand, dessen Vermögen gering ist.[213]

Für viele Länder der Welt gibt es kaum verlässliche Daten über das Vermögen insbesondere der Reichen und Superreichen, aber wo es zumindest geschätzte Daten gibt, zeichnet sich zumeist ein ähnliches Bild ab wie in den USA: Die ärmere Hälfte der

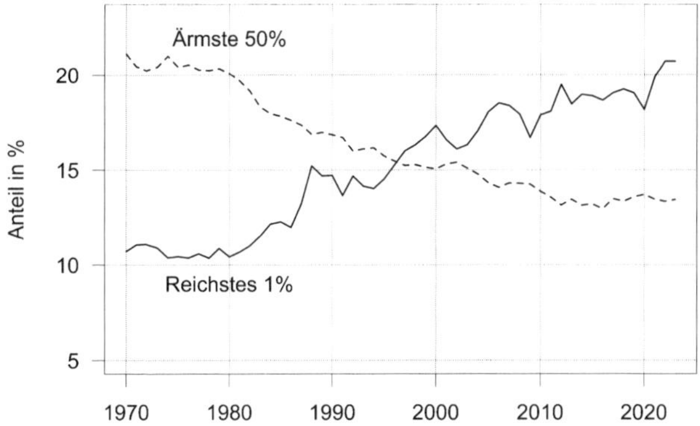

Abb. 13: Anteile am Einkommen in den USA nach Daten der World Inequality Database

Bevölkerung besitzt kaum nennenswertes Vermögen und ihr Vermögensanteil nimmt eher ab, während das Vermögen an der Spitze der Reichtumsverteilung rasant zunimmt. Die folgende Grafik zeigt dies exemplarisch für China, Russland und Indien und für den Zeitraum 1995 bis 2023. Während etwa in China 1995 die ärmere Hälfte der Bevölkerung noch 15 % des privaten Nettovermögens besaß, waren es 2023 nur noch 6 %. Im selben Zeitraum nahm der Vermögensanteil des reichsten Hundertstels der Chinesen von 20 % auf 30 % zu (Abb. 14).

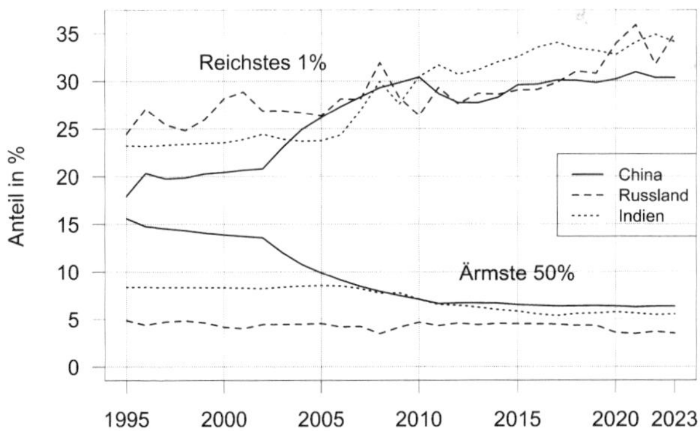

Abb. 14: Anteile des reichsten 1% und der ärmsten 50% am privaten Nettovermögen in China, Russland und Indien nach Daten der World Inequality Database

Nicht ganz so dramatisch, aber qualitativ ähnlich entwickelte sich die Vermögensungleichheit in West- und Osteuropa, wie die folgenden zwei Schaubilder für einige ausgewählte Länder zeigen (Abb. 15 und 16):

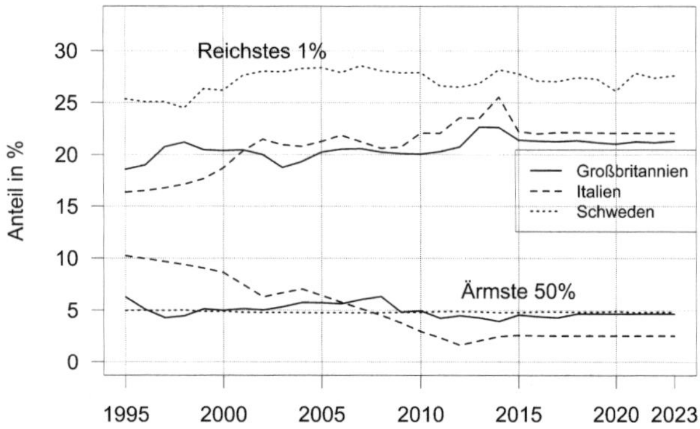

Abb. 15: Anteile des reichsten 1% und der ärmsten 50% am privaten Nettovermögen in Großbritannien, Italien und Schweden nach Daten der World Inequality Database

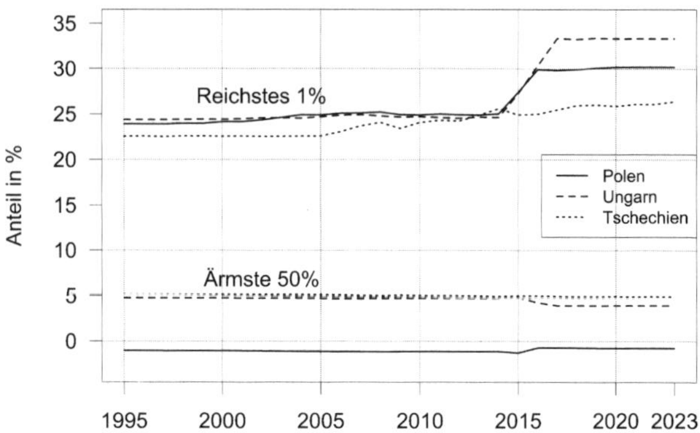

Abb. 16: Anteile des reichsten 1% und der ärmsten 50% am privaten Nettovermögen in Polen, Ungarn und Tschechien nach Daten der World Inequality Database

Bei allen Unterschieden im Detail zeigt sich in fast allen Ländern West- und Osteuropas, dass der Anteil des reichsten Hundertstels

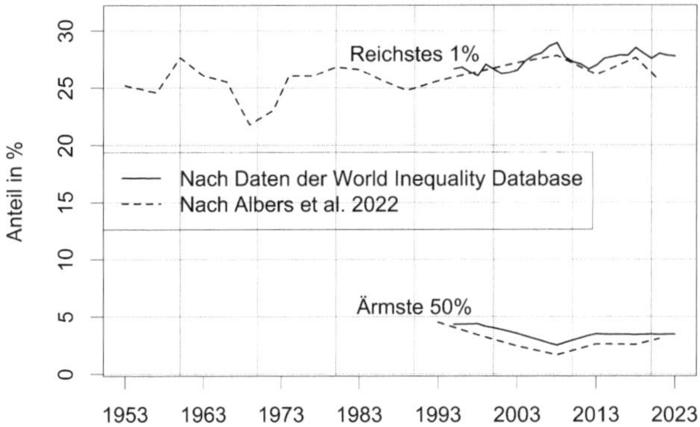

Abb. 17: Anteile des reichsten 1% und der ärmsten 50% am privaten Nettovermögen in Deutschland

der erwachsenen Bevölkerung am gesamten privaten Nettovermögen im Laufe der vergangenen Jahrzehnte zugenommen hat, während der Anteil der gesamten ärmeren Hälfte nicht nur sehr gering ist, sondern auch noch eher abgenommen hat.

Auch in Deutschland war die Entwicklung der Ungleichheit ähnlich, wenngleich nicht ganz so krass wie in den USA oder den Schwellenländern. Abbildung 17 zeigt sowohl die Daten der World Inequality Database als auch die einer Studie von Albers, Bartels und Schularick, die den Anteil des reichsten 1% der Haushalte auch für weiter zurück liegende Jahre geschätzt haben.[214] Danach hat der Anteil am privaten Nettovermögen, der vom reichsten 1% der erwachsenen Bevölkerung gehalten wird, zwischen 1963 und 1973 etwas abgenommen, aber seitdem mit kleineren Schwankungen wieder zugenommen, während sich der Anteil der ärmeren Hälfte, für den nur Schätzungen ab 1993 vorliegen, auf bereits niedrigem Niveau weiter deutlich abgenommen hat. Und auch für Deutschland wird die zunehmende Ungleichheit nochmals augenfälliger, wenn man die absoluten Zahlen betrachtet: Während das mittlere Nettovermögen des reichsten 1% zwischen 1995 und 2023 von knapp 4 Millionen Euro inflationsbereinigt auf ca. 8,5 Millionen EUR, also um mehr als 120% angewachsen ist, sind 50% der Bevölkerung nach wie vor »Habenichtse« – ihr mittleres Nettovermögen nahm im selben Zeitraum zwar auch zu, und zwar

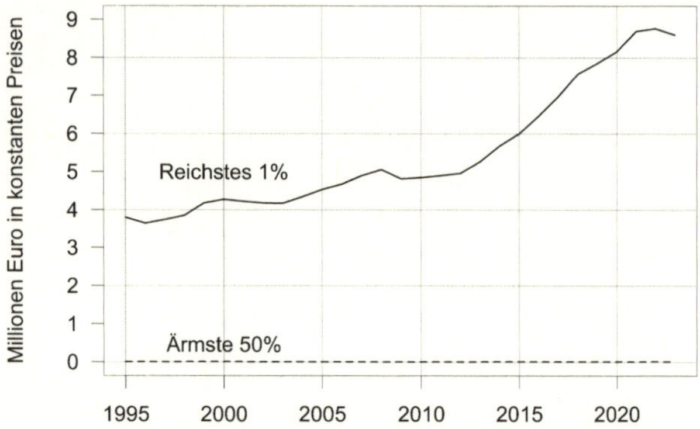

Abb. 18: Mittleres privates Vermögen des reichsten 1% und der ärmsten 50% in Deutschland nach Daten der World Inequality Database

um über 60 %, aber das bedeutete in absoluten Zahlen: von gut 6 TEUR auf 10 TEUR (Abb. 18).

Das Vermögen der Vermögenden nimmt also nicht nur zu, sondern es nimmt umso schneller zu, je größer das Vermögen bereits ist. Das gilt nicht nur für Deutschland, sondern weltweit. Die folgende Tabelle (Abb. 19) gibt Aufschluss über die Wachstumsraten des Vermögens der verschiedenen globalen Vermögensklassen. Zwar wuchs das mittlere Vermögen der ärmeren 90 % der erwachsenen Weltbevölkerung in den Jahren 1995 bis 2021 etwas schneller als das der reichsten 10 %, aber das reichste Promille, das reichste Zehntelpromille oder gar das reichste Millionstel konnte in demselben Zeitraum das mittlere Vermögen schneller steigern als die ärmeren Schichten der Weltbevölkerung. Die 5170 Personen, die das reichste Millionstel der erwachsenen Weltbevölkerung von 2021 ausmachen, konnten ihr mittleres Vermögen in den Jahren von 1995 bis 2021 um durchschnittlich 6,9 % jährlich steigern, die 52 reichsten Milliardäre sogar um sage und schreibe 9,3 % jährlich.

Angesichts dieser gewaltigen Unterschiede bei den Zuwachsraten verwundert es kaum, dass das Vermögen der ca. 3000 Milliardäre der Welt dasjenige der ärmeren Hälfte der Menschheit mittlerweile deutlich überflügelt hat, wie die Abbildung 20 zeigt.[215]

	Anzahl der Personen	Anteil am globalen Vermögen	Mittleres Vermögen	Mittlere jährliche Wachstumsrate (1995-2021)
Ärmste 50%	2,6 Milliarden	2%	2.908 €	3,7%
Mittlere 40%	20,7 Milliarden	22,4%	40.919 €	3,8%
Obere 10%	517 Millionen	75,6%	550.920 €	3,0%
Obere 1%	52 Millionen	37,8%	2,8 Millionen €	3,2%
Obere 0,1%	5,2 Millionen	19,4%	14,1 Millionen €	4%
Obere 0,01%	517.000	11,2%	81,7 Millionen €	5%
Obere 0,001%	51.700	6,4%	469 Millionen €	5,9%
Oberes 10^{-6}	5170	3,5%	2,6 Milliarden €	6,9%
Oberes 10^{-7}	517	1,9%	14,2 Milliarden €	8,1%
Oberes 10^{-8}	52	1,1%	77,4 Milliarden €	9,3%

Abb. 19: Vermögensanteile und Vermögenswachstum (Erwachsene in 2021) nach wir2022.wid.world, S. 90

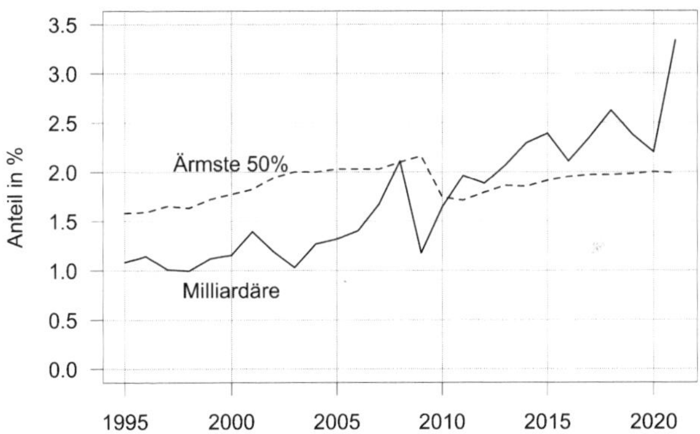

Abb. 20: Anteil der Milliardäre und der ärmsten 50 % am globalen Nettovermögen nach Daten des wir2022

In 2023 hatten die ärmsten 5 % der Weltbevölkerung ein negatives Nettovermögen, waren also netto verschuldet, während das reichste 1 % fast 40 % des globalen Nettovermögens besaß, wie die Abbildung 21 zeigt.

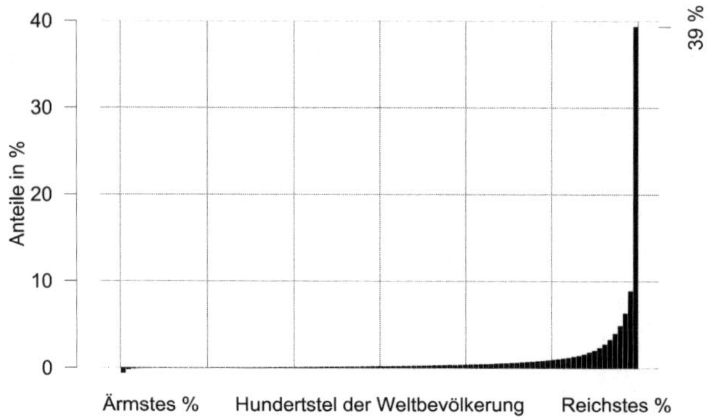

Abb. 21: Anteile der nach Reichtum geordneten Hundertstel der Bevölkerung am globalen Nettovermögen 2023 nach Daten der World Inequality Database

17. Vermögenskonzentration
Zufall und Zwangsläufigkeit

Wie ungleich kann die Vermögensverteilung werden? Die Frage führt auf die Definition des sogenannten Gini-Koeffizienten, der häufig als Maß der Ungleichheit verwendet wird. Der Gini-Koeffizient geht von der Summe aller Vermögensunterschiede aus. Im theoretischen Extremfall könnten alle Vermögensunterschiede gleich null sein; dann liegt eine absolute Gleichverteilung vor und der Gini-Koeffizient ist ebenfalls gleich null. Im entgegengesetzten theoretischen Extremfall der maximalen Ungleichheit besitzt eine Person, nennen wir ihn Krösus, das gesamte Vermögen V einer Gesellschaft von n Personen. Dann ist der Vermögensunterschied zwischen Krösus und jeder der n-1 anderen Personen, die nichts besitzen, gleich V, während alle anderen Vermögensunterschiede null sind. Die Summe aller Vermögensunterschiede ist im Krösus-Fall also gleich $(n-1) \cdot V$. Größer als dieser Wert kann die Summe aller Vermögensunterschiede bei gegebenem Gesamtvermögen V und gegebener Populationsgröße n nicht werden. Der Gini-Koeffizient ist nun nichts anderes als das Verhältnis der Summe aller Vermögensunterschiede zu diesem Maximalwert.[216]

Dass im Jahr 2023 der Gini-Koeffizient der Vermögensungleichheit in Deutschland 0,74 betrug, bedeutet also, dass die Vermögensungleichheit 74 % der maximal möglichen Ungleichheit erreicht hatte. Die Tabelle (Abb. 22) zeigt die Gini-Koeffizienten für ausgewählte Länder.

Angesichts der im vorigen Kapitel diskutierten Fakten verwundert es nicht, dass die seit ca. 1980 zunehmende Ungleichheit sich in den Gini-Koeffizienten abbildet. Die folgende Grafik (Abb. 23) zeigt die Entwicklung der Gini-Werte für die USA, Frankreich und Deutschland, drei Länder, für die hinreichend lange Zeitreihen mit einigermaßen verlässlichen Schätzungen vorliegen.

Woraus erklärt sich die seit ca. 1980 in fast allen Ländern der Welt zunehmende Vermögensungleichheit? Piketty argumentiert,

Niederlande	0,62
Spanien	0,71
Großbritannien	0,73
Norwegen	0,73
Kanada	0,73
Frankreich	0,73
Schweden	0,74
Deutschland	0,74
Italien	0,75
China	0,76
Schweiz	0,76
Russland	0,79
USA	0,83
Polen	0,85
Türkei	0,87
Irland	0,87
Brasilien	0,89
Mexiko	0,90
Südafrika	0,96

Abb. 22: Gini-Koeffizienten der Vermögensungleichheit 2023 für ausgewählte Länder, nach Daten der World Inequality Database

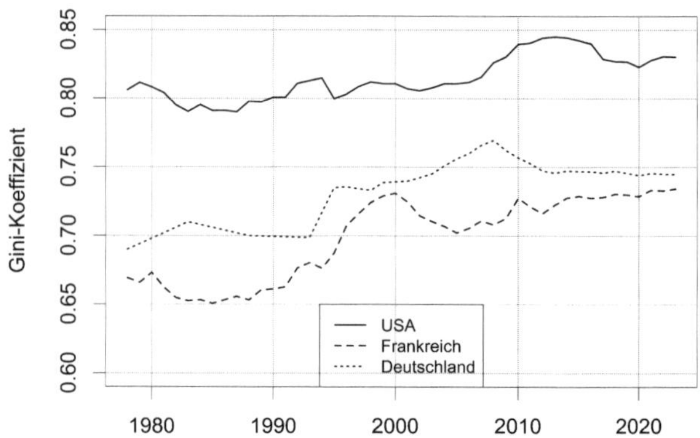

Abb. 23: Entwicklung der Gini-Koeffizienten für privates Nettovermögen von 1978 bis 2023 nach Daten der World Inequality Database und Albers et al. 2022

dass die Ungleichheit zwangsläufig zunimmt, falls die Kapitalrendite r die Wachstumsrate g des Sozialprodukts übersteigt. Die Ungleichung r>g gilt Piketty als »fundamental force of divergence«:

> When the rate of return on capital exceeds the rate of growth of output and income, … capitalism automatically generates arbitrary

and unsustainable inequalities that radically undermine the meritocratic values on which democratic societies are based.[217]

Piketty's Argumentation hat aus kompetenter Feder sowohl Zustimmung als auch Widerspruch erfahren.[218] Während wir Piketty beipflichten, dass allzu viel Vermögensungleichheit grundlegende Werte der Demokratie bedroht, werden wir sehen, dass die von Piketty behauptete Zwangsläufigkeit nicht besteht.

Tatsächlich kann sich aber eine Tendenz zur stetigen Zunahme der Vermögensungleichheit aus der einfachen Tatsache ergeben, dass Vermögen, das nicht verbraucht wird, investiert werden kann und somit – jedenfalls mit einer gewissen Wahrscheinlichkeit – einen zukünftigen Vermögenszuwachs erzeugt. Natürlich sind Investitionen riskant. Sie können misslingen und statt eines Vermögenszuwachses eine Vermögenseinbuße zur Folge haben. Aber solange die erzielbaren Renditen im Mittel hinreichend positiv sind und mit zunehmendem Vermögen auch der Vermögensanteil zunimmt, der investiert werden kann, da er nicht für gegenwärtige Konsumbedürfnisse verbraucht wird, kann sich eine zunehmende Vermögensungleichheit ergeben – selbst wenn im Ausgangszustand alle Haushalte mit demselben Vermögen »starten«.[219]

Um diesen Zusammenhang im Modell abzubilden, nehmen wir an, dass das Einkommen eines typischen Haushalts im Jahr t sich aus einem festen Arbeitseinkommen a und einem Kapitaleinkommen $r_t \cdot k_{t-1}$ zusammensetzt, wobei r_t den Renditesatz und k_{t-1} das im Vorjahr investierte Kapital bezeichnet. Wenn im Renditesatz eine etwaige Abschreibung auf das Kapital bereits berücksichtigt ist, steht dem Haushalt im Jahr t das folgende Vermögen zur Verfügung:

$$v_t = a + (1 + r_t)\, k_{t-1} \tag{37}$$

Dieses Vermögen kann in Konsum c_t einerseits und zu investierendes Kapital k_t aufgeteilt werden, das sich dann wie folgt schreiben lässt:

$$k_t = v_t - c_t = a + (1 + r_t)\, k_{t-1} - c_t \tag{38}$$

Nehmen wir nun an, dass der Konsum eine Funktion des Vermögens ist, also dass

$$c_t = C(v_t) \tag{39}$$

erhalten wir eine Differenzengleichung für das Kapital des betrachteten Haushalts:

$$k_t = a + (1 + r_t)\,k_{t-1} - C\,(a + (1 + r_t)\,k_{t-1}) \qquad (40)$$

Für einen gegebenen Startwert k_0 und festes Arbeitseinkommen a können wir die Entwicklung des Kapitals Jahr für Jahr berechnen – falls wir auch die Folge der Renditesätze und die Konsumfunktion (39) kennen.

Um rechnen zu können, benötigen wir also einige weitere Annahmen. Wir verwenden zunächst die sehr einfache Konsumfunktion

$$C\,(v) = min\,(v, a) \qquad (41)$$

Danach soll also der Konsum gleich dem Vermögen sein, solange es kleiner als das Arbeitseinkommen ist, und gleich dem Arbeitseinkommen sonst. Über die Renditesätze nehmen wir an, dass sie im Wesentlichen normalverteilt sind, und zwar paarweise unabhängig mit Erwartungswert μ=0,04 und Standardabweichung σ=0,2. Allerdings sollen die Renditesätze nicht kleiner als −1 werden können, so dass wir eine entsprechend »abgeschnittene« Normalverteilung verwenden.[220]

Die Haushalte sollen schließlich als »Dynastien« aufgefasst werden: Wenn immer eine Generation stirbt, steht eine Erbengeneration bereit, die das Kapital der Elterngeneration übernimmt. Es werden weder Vermögens- noch Erbschaftsteuern erhoben. Abbildung 24 zeigt drei Beispiele für sich ergebenden Kapitalhistorien. Als Startwert wurde jeweils $k_0 = 1$ gewählt und als Arbeitseinkommen $a = 4$.

Viele ganz andere Kapitalhistorien sind natürlich möglich, aber die hier gezeigten sind nicht untypisch: Während der ersten hundert »Jahre« baut keine der drei Dynastien nennenswertes Kapital auf und der Dynastie 2 gelingt dies auch im zweiten Jahrhundert nicht. Dynastie 1 dagegen kommt zwischen den Jahren 100 und 150 zu etwas Kapital, verliert dies aber bald danach wieder weitgehend. Die dritte Dynastie dagegen beginnt um das Jahr 120 Kapital aufzubauen, das sie mit diversen Rückschlägen auf zeitweise über 4.000 zu steigern vermag.

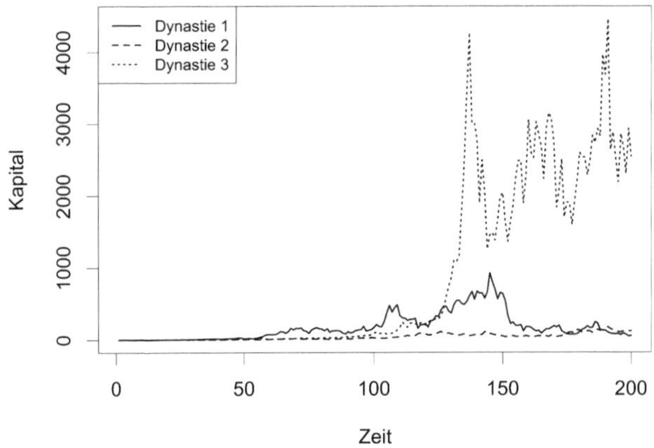

Abb. 24: Drei individuelle Kapitalhistorien

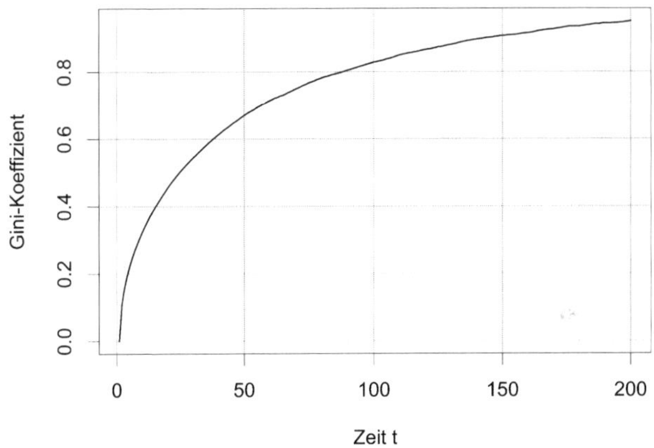

Abb. 25: Entwicklung des Gini-Koeffizienten im Modell mit Konsumfunktion (41)

Während es schwer zu sein scheint, die Entwicklung der Vermögenskonzentration mathematisch prägnant zu charakterisieren, die sich für eine Gesellschaft aus vielen solchen Dynastien ergibt, lässt sich mit heutigen Rechnern numerisch leicht die Entwicklung des Gini-Koeffizienten iterativ berechnen. Wir haben dafür eine

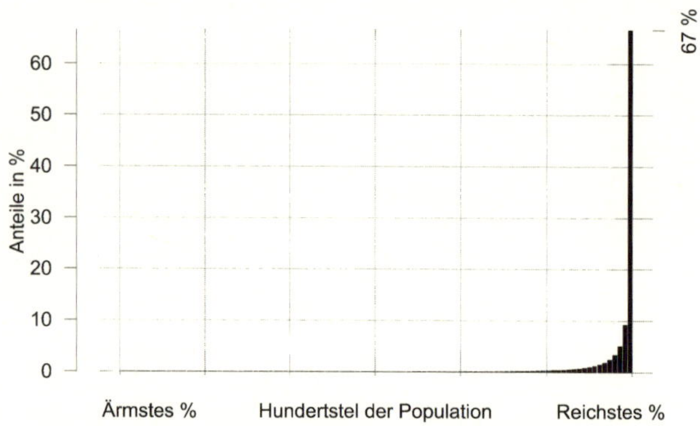

Abb. 26: Anteile am aggregierten Kapital in t=200

Population von 100.000 Dynastien unterstellt, und erhielten den in Abbildung 25 dargestellten Zeitpfad des Gini-Koeffizienten.[221] In t=200 hatte er den Wert 0,95.

Abbildung 26 zeigt die sich zum Zeitpunkt t=200 ergebenden Anteile der – von arm nach reich geordneten – Vermögensklassen, die jeweils 1% der Population umfassen. Die reichsten 1% der Dynastien besaßen also zum Zeitpunkt t=200 rund 67% des aggregierten Kapitals.

Es ist dabei keineswegs so, dass die spezielle Form der Konsumfunktion für diese Ergebnisse verantwortlich ist. Entscheidend ist nur, dass mit zunehmendem Vermögen der Konsum zwar zunimmt, für hinreichend hohes Vermögen der Anteil des Konsums am Vermögen aber abnimmt. Ersetzt man (41) durch eine andere Funktion mit dieser Eigenschaft, etwa durch $C(v) = min(0{,}8\,v; a + 0{,}02\,v)$, durch $C(v) = min(v, \sqrt{v})$, oder durch $C(v) = log(1 + v)$, erhält man ganz ähnliche Zeitpfade für den Gini-Koeffizienten und entsprechend nach hinreichend langer Zeit einen ähnlich hohen Anteil des reichsten Hundertstels am aggregierten Vermögen. Auch die Verteilung der Renditesätze lässt sich in gewissen Grenzen variieren, ohne Wesentliches an den Ergebnissen für die Vermögensungleichheit zu ändern.

Allerdings kommt die Vermögenskonzentration dann zum Erliegen, wenn auch das über alle Dynastien aggregierte Einkommen stagniert. Das passiert etwa dann, wenn der Konsum keine Funktion des Vermögens, sondern ein fester Anteil des Einkommens $y_t := a + r_t k_{t-1}$ ist. Da zwar das Einkommen, aber nicht der Konsum negativ sein kann, bedeutet dies, die Annahme (39) durch die folgende zu ersetzen:

$$c_t = max(0; \beta y_t) \qquad (42)$$

Für eine Konsumquote von $\beta = 0{,}8$ erhalten wir den in Abbildung 27 dargestellten Zeitpfad für den Gini-Koeffizienten. Er steigt nun nicht wesentlich über einen sehr moderaten Wert von 0,2, aber auch das aggregierte Einkommen stagniert, nachdem es ein gewisses Niveau erreicht hat. In Abbildung 28 sind die mittleren Renditesätze $\overline{r(t)}$ sowie die Wachstumsraten $g(t)$ des aggregierten Einkommens dargestellt. Die mittleren Renditen schwanken natürlich ein wenig um $\mu = 0{,}04$ und sind damit durchweg größer als die Wachstumsraten, die nach einer Weile um den Wert Null herum zu schwanken beginnen – was Pikettys Behauptung widerlegt, dass »r > g« zwangsläufig zu beträchtlicher Vermögenskonzentration führt.

Eine beträchtliche Vermögensungleichheit kann aber auch entstehen, wenn g>r gilt, wenn also das (aggregierte) Einkommen mit einer Rate wächst, die den mittleren Renditesatz übertrifft. Dies ergibt sich zum Beispiel, wenn auch das Arbeitseinkommen mit einer hinreichend hohen Rate wächst. Und das Tempo, mit

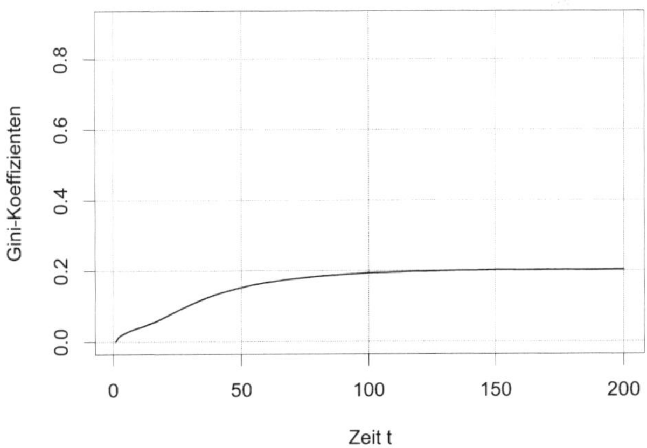

Abb. 27: Entwicklung des Gini-Koeffizienten für Konsumfunktion (42)

dem die Ungleichheit zunimmt, beschleunigt sich auch im Modell, wenn die erzielbaren Renditen mit wachsendem Vermögen zunehmen.[222]

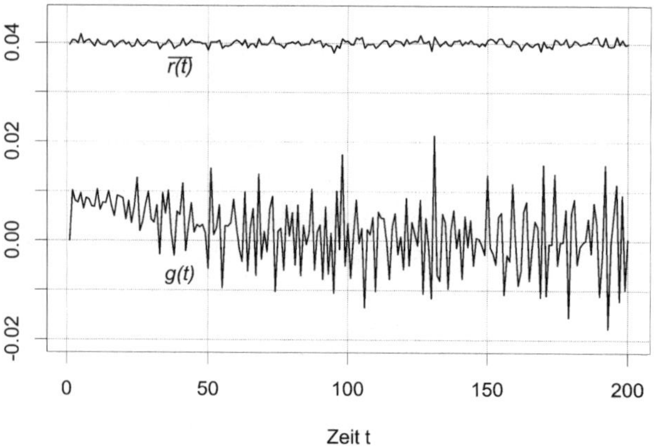

Abb. 28: Renditen und Wachstumsraten für Konsumfunktion (42)

Jedenfalls können wir festhalten: Auch wenn es keine einfache Bedingung gibt, wie etwa r>g, die »automatisch« dazu führt, dass es zu einer beträchtlichen Vermögenskonzentration kommt, sprechen sowohl die Fakten des vorigen Kapitels als auch einfache Modellrechnungen wie die hier vorgestellten für die Befürchtung, dass sich das bereits festzustellende enorme Ausmaß der Ungleichheit weiter verschärfen wird – falls es dabei bleibt, dass es zu keiner nennenswerten Besteuerung von großen Vermögen und großen Erbschaften kommt. Unser Modell zeigt jedenfalls, dass die sich selbst überlassene »unsichtbare Hand« aus dem unvermeidbaren Zufallselement, das jeder Investition anhaftet, beliebig große Vermögensungleichheiten zu erzeugen vermag.

18. Epilog

Wir haben den Leser durch 250 Jahre Geschichte der Wirtschaftswissenschaft begleitet, in der Adam Smiths Metapher von der »unsichtbaren Hand« eine so prägende Rolle gespielt hat. Seit ihrer Etablierung als eigenständige Wissenschaftsdisziplin war die Ökonomie dabei beides: Wissenschaft einerseits, die die Welt zu erklären und verstehen versuchte, und politische Ökonomie andererseits, die gestaltenden Einfluss auf die Wirtschaftswirklichkeit nahm. Begriffe wie Wettbewerb, Wohlfahrt, Optimum, Effizienz und Monopol prägten immer wieder die politische Debatte und waren keineswegs immer so klar definiert, wie es die mathematische Wirtschaftstheorie à la Debreu für sich und ihre Begriffe in Anspruch nahm. Wir haben gesehen, wie vielschichtig sich die Wirtschaftswissenschaft dabei entwickelt hat. Während die präzise Modellierung einer fiktiven Ökonomie, für die sich Pareto-Effizienz gleichgewichtiger Allokationen nachweisen lässt, erst ein Dreivierteljahrhundert nach Walras gelang, war die dafür benötigte Mathematik in den 1950er Jahren für weite Teile der ökonomischen »scientific community« noch zu neu und zu abstrakt, um gut verstanden zu werden. Vielmehr setzte sich über die Lehrbücher eine – genau genommen unzutreffende – »Lesart« des Pareto-Theorems durch, die aber hervorragend ins Weltbild des »Neo«-Liberalismus passte, der in den 1960er und 70er Jahren in Abgrenzung zum Keynesianismus erstarkte. Diese Lesart des Theorems schien ja die gesellschaftliche Optimalität einer »freien«, durch Wettbewerb charakterisierten Marktwirtschaft zu bestätigen.

Nicht zuletzt durch – in der Fachwelt durchaus umstrittene – Nobelpreise an prominente Propagandisten dieses neoliberalen Weltbilds wurde es in den 1970er Jahren zum »herrschenden Paradigma« der Wirtschaftswissenschaften und begann, führenden Politikern die Maßnahmen zu diktieren, nach denen die Welt umgestaltet werden sollte. Durch Deregulierung, Privatisierung und Steuersenkungen, von denen naturgemäß die bereits Vermögenden profitierten, wurde dann auch die Rolle und das wirtschaftliche Vermögen der staatlichen Institutionen zugunsten der Akkumulation und Konzentration privaten Vermögens reduziert.

Natürlich kann niemand behaupten, alle Maßnahmen seien unvernünftig gewesen, die aufgrund der neoliberalen Überzeugungen von »madmen in authority« ergriffen wurden – oder auch von keineswegs verrückten Politikern, denen diese Überzeugungen aber erfolgreich als tiefe Einsichten der Wirtschaftswissenschaften verkauft worden waren. Gewiss sind nicht alle Regeln, die im Laufe der Deregulierungswelle abgeschafft wurden, sinnvoll gewesen. Aber in vielen Fällen hat Deregulierung keineswegs Bürokratie abgebaut, sondern zusätzliche Bürokratie erzeugt. In Deutschland etwa bestand aufgrund der Netzabhängigkeit der privatisierten Industrien weiterhin erheblicher Regulierungsbedarf, sodass verschiedene Regulierungsbehörden ins Leben gerufen wurden, die schließlich in der »Bundesnetzagentur für Elektrizität, Gas, Telekommunikation, Post und Eisenbahnen« aufgingen. Gewiss kann auch für jede einzelne Privatisierung eines ehemals staatlichen Unternehmens diskutiert werden, ob sie sinnvoll war. Es dürfte aber unbestreitbar sein, dass in vielen Fällen keine nüchterne Abwägung von erwartbaren Vor- und Nachteilen die entscheidende Triebkraft der Privatisierung war, sondern die durch nichts begründete Überzeugung, private Unternehmen würden stets »besser funktionieren« als staatliche. Die zahlreichen Skandale und eklatanten Managementfehler, die in großen privaten Unternehmen vorgekommen sind, stellen eine kaum bestreitbare Widerlegung dieser Überzeugung dar: Enron, Worldcom, Siemens, Heros, Holzmann, Swissair, Deutsche Bank, Volkswagen, Wirecard sind nur einige der bekannteren Unternehmen, an die erinnert werden kann. Dass in manchen Fällen, wie der britischen Eisenbahn, mittlerweile eine neuerliche Verstaatlichung der zwischenzeitlich privatisierten Industrie beschlossen worden ist, darf als weiteres Indiz dafür gelten, dass mitunter staatliches Eigentum an Unternehmen der Privatisierung überlegen ist.

Insbesondere dort, wo Technologie und Skalenerträge für ein »natürliches« Monopol sprechen, dürfte staatliches Eigentum eine der geeignetsten Methoden sein, um die betreffende Industrie im durch demokratische Prozesse definierten gesellschaftlichen

Interesse agieren zu lassen. Aber auch dort, wo Unternehmen über Medien, soziale Netzwerke, Propaganda, Information oder Desinformation politische Macht auszuüben vermögen, scheint staatliches Eigentum oder zumindest staatliche Kontrolle erforderlich, um eine einigermaßen gleichberechtigte Berücksichtigung aller Betroffenen bei der Gestaltung der Unternehmenspolitik zu gewährleisten.

Illegitime Konzentration von wirtschaftlicher und damit auch politischer Macht kann freilich auch verhindert werden, indem die Entstehung entsprechender Vermögenskonzentration verhindert wird. Die Forderung nach einer progressiven Vermögensteuer, die von Piketty und dem World Inequality Report erhoben wird,[223] findet sich mittlerweile auch wieder in Partei- und Wahlprogrammen »linker« Parteien in Europa, und selbst eine beachtliche Gruppe von Vermögenden versammelt sich unter der Forderung »tax me now« und fordert eine gerechte Besteuerung von Erbschaften, Schenkungen und Vermögen.[224]

Eine europäische Vermögensteuer, die jenseits eines Freibetrags von einer Million Euro beginnt, einen Steuersatz von 1 % auf Vermögen zwischen einer und fünf Millionen anwendet und 2 % auf Vermögen über 5 Millionen, würde nach Pikettys Schätzung nur 2,5 % der EU-Bevölkerung betreffen und ein Steueraufkommen generieren, das etwa 2 % des europäischen Sozialprodukts ausmacht. Das Entstehen und Weiterbestehen von privaten Multimilliardenvermögen würde eine solche, moderate Vermögensteuer freilich nicht verhindern. Die Autoren des »World Inequality Report 2022« skizzieren daher einen alternativen Vermögensteuertarif, bei dem über 10 Milliarden USD hinausgehende Vermögen einem Grenzsteuersatz von 50 %, über 100 Milliarden hinausgehende Vermögen sogar einem Grenzsteuersatz von 90 % unterliegen würden.

Es scheint also, dass dem Staat wieder eine sehr viel bedeutendere Rolle bei der Gestaltung der Wirtschaft zukommen muss, wenn die Verwandlung auch der westlichen, weitgehend noch freiheitlichen und demokratischen Welt in eine Plutokratie verhindert werden soll, in der vielleicht noch Scheinwahlen abgehalten werden, in der aber wenige Ultravermögende die Medien und damit die Mehrheitsmeinung kontrollieren, die Privatsphäre jedes Einzelnen überwachen und im Übrigen die Welt nach ihrem Gutdünken gestalten.

Paul De Grauwe beschreibt die relative Rolle von Markt und Staat als historische Pendelbewegung:[225] Der absolutistische Staat im »Ancien Régime« des 18. Jahrhunderts wurde nach der französischen Revolution, der amerikanischen Unabhängigkeit und der industriellen Revolution durch den ungehemmten Kapitalismus abgelöst, der eine nie gekannte Zunahme des materiellen Wohlstands mit sich brachte, aber mit Erstem Weltkrieg, Entstehen der Sowjetunion und Weltwirtschaftskrise ein Ende fand. Der Staat dominierte die Wirtschaft im Sowjet- und im Nationalsozialismus, nach dem Zweiten Weltkrieg auch in China und zunehmend auch im demokratischen Nordamerika und Westeuropa, bis in den 1970er und 80er Jahren wieder eine zunehmende Dominanz des Marktes einsetzte. Flankiert von der Öffnung Chinas am Ende der 1970er Jahre und dem Niedergang und Zerfall der Sowjetunion und des Ostblocks, dauert die Dominanz des Marktes über den Staat bis heute an.

Der Markt stößt nach De Grauwes Analyse jedoch zunehmend an externe und interne Grenzen: Zum einen produziert er geradezu die globale Erwärmung, die auf Kipppunkte zusteuert, zum anderen produziert er die materielle Ungleichheit, die wir diskutiert haben. Mit zunehmender Ungleichheit, so De Grauwe, nimmt auch die Instabilität des sozialen und politischen Systems zu und könnte – in einem pessimistischen Szenario – ebenfalls zu einem »Kipppunkt« führen, bei dem die Instabilität eskaliert und in politische Gewalt, Revolution und Umsturz mündet. De Grauwe veranschaulicht dies in einer Grafik, die wir in Abbildung 29 reproduzieren.

De Grauwe skizziert auch ein alternatives, optimistisches Szenario, in dem es durch substantielle Besteuerung extrem hoher Einkommen und Vermögen gelingt, die Entwicklung vor Erreichen des Kipppunkts aufzuhalten und eine gesellschaftlich akzeptable Verteilung von Macht und Vermögen zu stabilisieren.

Zu Recht weist De Grauwe allerdings darauf hin, dass sowohl die globale Erwärmung als auch die zunehmende Ungleichheit kaum ohne internationale Kooperation aufgehalten werden kann und dass die Chancen für eine umfassende internationale Ko-

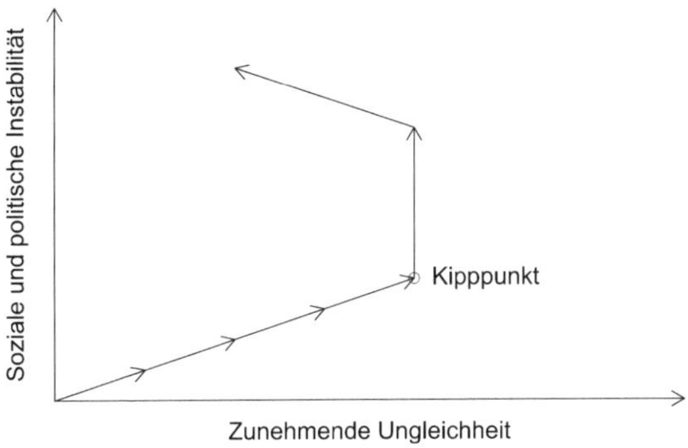

Abb. 29: Ungleichheit und Instabilität nach De Grauwe 2017, S. 150

operation nicht sehr gut stehen. Sie müsste beide Ziele energisch verfolgen: sowohl die Begrenzung der globalen Erwärmung als auch die Verhinderung der globalen Plutokratie.

Im Gegenteil scheinen in vielen Regionen der Welt Strömungen zu erstarken, die sich vermeintliche nationale Interessen anstelle internationaler Kooperation und Verständigung auf die Fahnen schreiben, die den Klimawandel leugnen oder zu ignorieren versuchen und die das Vermögen von Autokraten und Oligarchen nicht als Bedrohung, sondern eher als Gegenstand der Bewunderung empfinden. Zorn richtet sich zwar gegen »die da oben«, aber das sind nicht die öffentlichkeitsscheuen Vermögenden, die im Privatjet reisen und von denen es keine Fotos gibt, sondern die öffentlich sichtbaren Angehörigen der politischen Klasse, die sich mehr oder weniger redlich darum bemühen, das Vertrauen der Meinungsmacher und der jeweiligen Wählermehrheit zu gewinnen. Auf einen populistischen Umsturz könnte anders als in De Grauwes Grafik durchaus eine Zunahme der Ungleichheit wie in Abbildung 30 folgen, insbesondere, wenn sie durch Manipulation der Mehrheitsmeinungen verschleiert wird und diktatorische politische Strukturen zunehmende Stabilität erzeugen.

Erzwingt eine solche Diagnose der gegenwärtigen Situation und manifester Entwicklungstendenzen einen pessimistischen Blick in die Zukunft? Durchaus nicht. Sie verhindert vielleicht einen unbekümmerten Optimismus, aber wenn man aus der Modellvielfalt der mathematischen Wirtschaftstheorie etwas über die

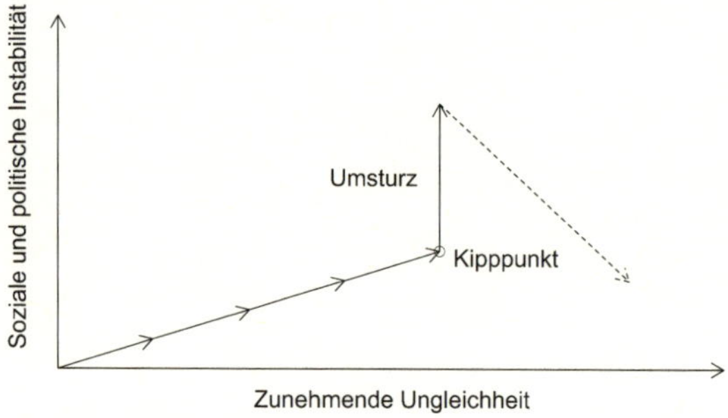

Abb. 30: Zunehmende Ungleichheit trotz Umsturz

Zukunft lernen kann, dann dieses: Die Dynamik gesellschaftlicher Prozesse ist zu vielschichtig, um in einer zweidimensionalen Grafik repräsentiert werden zu können. Sie ist auch komplizierter als ein einzelnes mathematisches Modell, und sei es noch so subtil, dies suggerieren mag. Entwicklungen sind denkbar, die sich aus schlichter verbaler Argumentation nicht ableiten lassen. Zufälle können weitreichende Konsequenzen nach sich ziehen, und immer wieder stellen sich überraschende Ereignisse ein – solche, die Grund zur Sorge, aber mitunter auch solche, die Grund zur Hoffnung geben. Und vielleicht hatte John Maynard Keynes damit recht, dass nicht nur die Irrtümer, sondern auch die Einsichten der Ökonomen den Gang der Geschichte zu beeinflussen vermögen.

Anmerkungen

[1] Die etwas andere Ausrichtung wird schon aus dem Titel von Detel (2025) deutlich: »Schockierende Ungleichheit. Ursachen, Folgen, Gefahren und was wir dagegen tun können«.

[2] D. D. Raphael in seiner Einführung zu Smith' Wealth of Nations (1991) in der Everyman's Library.

[3] Schumpeter (1994 [1954]), S. 185.

[4] Baye und Prince 2022, S. 6.

[5] Keynes 1973, S. 383 f.

[6] Kuhn (1970).

[7] Lakatos (1970).

[8] Smith (1969 [1759]), S. 204 f.

[9] Vgl. etwa Viner (1927), Coase (1976), Hill (2001), Long (2006), und Kennedy (2011).

[10] Smith (1991 [1776]), Buch IV, Kapitel II.

[11] Ebd., Buch I, Kapitel II.

[12] Johnson (1997).

[13] Vilks (2018).

[14] Smith (1991 [1776]), Buch I, Kapitel 7. Smith behauptet dort sogar, der Monopolpreis sei der höchste Preis, der erzielt werden kann, was Schumpeter (1994 [1954], S. 189) zu Recht als »meaningless (or even false)« bezeichnet.

[15] Smith (1991 [1776]), Buch IV, Kapitel IX.

[16] Die berühmte Wendung wird auf den Vincent de Gournay (1712–1759) zurückgeführt. Vgl. Schumpeter (1994 [1954]), S. 244.

[17] Smith (1991 [1776]), Buch IV, Kapitel IX.

[18] Schumpeter (1994 [1954]), S. 185.

[19] Cournot (1897 [1838]), Kapitel V.

[20] Ebd., Kapitel VIII.

[21] Selbst an der Universität Cambridge konnte man Anfang des 19. Jahrhunderts noch einen »First-class-honours«-Abschluss im »mathematics tripos« ohne Differentialrechnung machen. Vgl. Howson (1982), S. 77 f.

[22] »Political Economy« wurde freilich schon früher gelehrt. Thomas Robert Malthus war 1805 am East India College auf eine Professur für »History and Political Economy« berufen worden.

[23] Das Modell findet sich freilich auch schon bei Cournot und bei von Mangoldt (1863).

[24] Der kompetente Mathematiker Cournot hielt es für ein Problem, dessen

Lösung die Möglichkeiten der Mathematik übersteigt. Vgl. Cournot (1897 [1838]), Kapitel XI, Abschnitt 74.

25 Wir zitieren im Folgenden nach der englischen Übersetzung der 3. Auflage von 1896 durch Donald A. Walker und Jan van Daal, als Walras (2014 [1896]).

26 Vgl. Walras (2014 [1896]), Lesson 7.

27 Ebd., Lesson 15.

28 Ebd., Lesson 22.

29 Ebd.

30 Vgl. hierzu Jaffé (1977).

31 Vgl. hierzu etwa Samuelson (1947), S. 195 ff. oder Moore (2007), S. 428 ff.

32 Pigou (1932), S. 31. Ebenso wie Pigou weist auch Marshall immer wieder auf die Unvollkommenheit solcher Entsprechungen hin: »The money income ... gives a measure of a nation's prosperity, which, untrustworthy as it is, is yet in some respects better than that afforded by the money value of its stock of wealth« (Marshall 1922, S. 80).

33 Pigou (1932), S. 97. Laut O'Donnell (1979, S. 588) war Pigous Analyse »Sidgwickian philosophy couched in Marshallian methodology«.

34 Jevons (1871), S. 21.

35 Pareto (2014 [1906]) S. 133.

36 Ebd. S. 179.

37 Wahrscheinlich auf dem Umweg über Barone (1935 [1908]), Bergson (1938] und Hicks (1939 a). In der englischsprachigen Literatur findet sich das Kriterium bereits bei Lerner (1934), der jedoch weder Pareto noch Barone erwähnt.

38 Samuelson (1947), S. 212. Hier wird definiert, was gelegentlich als »schwache« Pareto-Optimalität bezeichnet wird. Starke Pareto-Optimalität verlangt dagegen, dass es keinen alternativen Zustand geben darf, der wenigstens ein Individuum besser stellt und niemanden schlechter. In Paretos eigener Formulierung ist das Kriterium offenbar noch schwächer als in Samuelsons.

39 Ebd. S. 214.

40 Z. B. Henderson und Quandt (1971), Intriligator (1971), Mas-Colell, Whinston und Green (1995), J. W. Friedman (1986), Acemoglu (2009), Hirschey und Bentzen (2014).

41 Z. B. Koopmans (1957), Hildenbrand und Kirman (1988), Aliprantis, Brown und Burkinshaw (1989), McKenzie (2002).

42 Arrow und Hahn (1971), S. 91.

43 Pareto (2014 [1909]), S. 382.

44 Vgl. Hayek (1935), Lippincott (1938), Bergson (1948).

45 Lange (1942).

46 Arrow (1951), Debreu (1951). Vgl. Blaug (2007).

47 Das zweite »fundamentale Theorem der Wohlfahrtsökonomie« besagt,

dass unter bestimmten Bedingungen jede Pareto-effiziente Allokation mit geeigneten Preisen ein allgemeines Gleichgewicht darstellt, wenn die Ressourcen der Haushalte auf geeignete Weise umverteilt werden.

48 Mas Colell et al. (1995), S. 549.

49 Aliprantis, Brown und Burkinshaw (1989), S. 52.

50 Varian (2010), S. 602.

51 Eine ausführliche Darstellung der Chicago School findet man bei van Overtfeldt (2007). Vgl. auch Reder (1982) und die Arbeiten in Cord (2022).

52 Knight (1921), S. 3.

53 Ebd. S. 14.

54 Ebd. S. 76–80.

55 Ebd., S. 85f. An anderer Stelle äußert sich Knight (1923) sogar recht kritisch über die Ethik des Wettbewerbs.

56 Knight (1921), S. 148.

57 Ebd., S. 181.

58 Ebd., S. 193.

59 Vgl. Steele (2018).

60 Simons (1934), S. 1.

61 Ebd., S. 4.

62 Ebd., S. 11f.

63 Ebd., S. 6.

64 Vgl. van Overtfeldt (2007), S. 160.

65 Vgl. Reder (2018).

66 Stigler (1946), Friedman und Stigler (1946).

67 Stigler (1971).

68 Friedman (1951).

69 Ebd.

70 Friedman (2020 [1962]), S. 3f.

71 Ebd., S. 193ff.

72 Coase (1937).

73 Vgl. Coase (1960) und die kritische Diskussion des »Theorems« bei Moore (2007), S. 480ff.

74 Vgl. van Overtfeldt (2007), S. 340ff.

75 Vgl. ebd., S. 36ff. und s. 93ff.

76 Keynes (2009 [1926]), S. 169.

77 So das Urteil von Scherf (1986), S. 9.

78 Vgl. Kromphardt (2020), S. 51ff.

79 Vgl. Scherf (1986), S. 69.

80 Hicks (1937).

81 Von Im- und Exporten wird der Einfachheit halber abgesehen.

82 Hayek (1974), 3. Absatz.

83 Friedman (1970 b), S. 219.

[84] Lucas (1977), S. 7

[85] Vgl. Klein (1946a, 1946b).

[86] Vgl. z. B. Nataf (1948), Malinvaud (1956), Pokropp (1972), van Daal und Merkies (1984), Vilks (1984, 1988), Janssen (1990).

[87] Hahn (1985), S. 1. Vgl. auch Solow (2011).

[88] Arrow und Debreu (1954). Es soll nicht unerwähnt bleiben, dass ziemlich zeitgleich, aber unabhängig von Arrow und Debreu Lionel McKenzie (1919–2010) die Existenz eines Gleichgewichts für ein ganz ähnliches Modell bewies und 1954 veröffentlichte. Auf die gemeinsamen Wurzeln in Arbeiten von Wald und von Neumann soll hier nicht eingegangen werden. Vgl. dazu Weintraub (1985).

[89] Debreu (1959), S. x.

[90] Van Overtfeldt (2007), S. 63.

[91] Auf die genaue Definition aller benötigten mathematischen Begriffe wird im Folgenden freilich verzichtet. Der daran interessierte Leser sei auf das erste Kapitel von Debreu (1959) verwiesen.

[92] Der Buchstabe »e« soll an »endowment« erinnern.

[93] Vgl. Arrow und Hahn (1971), S. 75f.

[94] Eine zweistellige Relation $\succcurlyeq$ auf der Menge X heißt transitiv, wenn mit $x \succcurlyeq y$ und $y \succcurlyeq z$ auch stets $x \succcurlyeq z$ gilt; sie heißt reflexiv, wenn $x \succcurlyeq x$ für alle $x \in X$ gilt; sie heißt Präordnung, wenn sie transitiv und reflexiv ist; sie heißt vollständig, wenn für beliebige Elemente $x \in X$ und $y \in X$ stets $x \succcurlyeq y$ oder $y \succcurlyeq x$ (oder beides) gilt. Um auszudrücken, dass $x \succcurlyeq y$, aber nicht auch $y \succcurlyeq x$, wird die Notation $x \succ y$ verwendet.

[95] Z. B. ist $(1, 0, 5, 100) + (2, 10, -10, -20) = (3, 10, -5, 80)$.

[96] Es handelt sich um eine erst 1941 von Shizuo Kakutani bewiesene Verallgemeinerung des Fixpunktsatzes von Brouwer. Letzterer besagt, dass es für jede stetige Abbildung f einer kompakten und konvexen Menge M in sich selbst einen sogenannten Fixpunkt gibt, d. h. ein $x \in M$, so dass $f(x)=x$.

[97] Vgl. Vilks (2022).

[98] Die Technologie kann also durch eine sogenannte Leontief-Produktionsfunktion beschrieben werden: Die maximal aus L Einheiten Arbeit und A Automaten produzierbare Menge an Kuchen ist $K=\min(L, A)$.

[99] Die Anfangsausstattung $(1, 0, 0)$ eines Haushalts vom Typ 2 hat also bei den Gleichgewichtspreisen $p = (0, 1, 1)$ den Wert Null. Eigenartigerweise hatten Arrow und Debreu die Möglichkeit solcher Gleichgewichte übersehen. Für Näheres hierzu siehe Vilks (2022).

[100] Hicks (1939 b).

[101] Vgl. Arrow und Hahn (1971), S. 261ff.

[102] Hahn (1958); Arrow, Block und Hurwicz (1959). Genau genommen wurde in diesen Arbeiten angenommen, dass der Preisvektor eine differen-

zierbare Funktion der Zeit ist. Die hier verwendete Formulierung (20) in diskreter Zeit entspricht Uzawa (1959–60).

103 Auf die Frage nach der Eindeutigkeit des Gleichgewichts gehen wir hier nicht näher ein. Vgl. dazu Arrow und Hahn (1971), S. 207 ff. oder Bryant (2010), S. 173 ff.

104 Die hier verwendeten Anpassungsfaktoren sind $k_1 = 0{,}001$, $k_2 = 0{,}002$, $k_3 = 0{,}08$. Da die Preisvektoren gemäß (20) stets normiert werden, ergibt sich der nicht abgebildete Preis des 3. Gutes jeweils als $p_3 = 1 - p_1 - p_2$.

105 Scarf (1960).

106 Die verwendeten Anpassungsfaktoren sind hier $k_1 = k_2 = k_3 = 0{,}001$.

107 Vgl. Fisher (1983), S. 212 ff.; Bryant (2010), S. 209 ff.; Fisher (2011).

108 Gintis (2007), S. 1280.

109 Fisher (2011), S. 43.

110 Ebd., S. 35.

111 Samuelson (1958).

112 Shell (1971).

113 Die Konstruktion von Shell zeigt zunächst nur, dass »starke« Pareto-Effizienz des Gleichgewichts verletzt ist. Der Nutzen jeder jungen Generation bleibt ja unverändert: $U^j(1,1) = U^j(0,2) = 2$. Aber wenn Schokolade beliebig teilbar ist, gibt es auch realisierbare Allokationen, die jeder Generation einen größeren Schokoladenkonsum als im Gleichgewicht ermöglichen. Dafür müsste nur eine unendliche Folge von zunehmenden, aber nach oben durch 1 beschränkten Transfers – von der jeweils jungen zur jeweils alten Generation – betrachtet werden. Z. B. könnten diese Transfers nach $f(t) = 1 - 1/2t$ bestimmt werden. Der in t=1 junge Konsument würde dann dem alten ein halbes Stück Schokolade geben, der in t=2 junge dem dann mittlerweile alten 3/4 Stück Schokolade, der in t=3 junge dem dann alten 5/6, usw.

114 Diamond (1965). Vgl. auch Cass (1972).

115 Neben Gale (1973) ist z. B. zu nennen Benhabib und Day (1982), Grandmont (1985), und Reichlin (1986).

116 Vgl. Vilks (1989).

117 Nach einer auf Schmeidler und Yaari zurückgehenden Definition wird eine effiziente Allokation als »fair« bezeichnet, wenn niemand das Güterbündel eines anderen dem eigenen vorzieht. Vgl. Varian (1974).

118 Von Neumann und Morgenstern (2004 [1953]), S. 10 f.

119 Nash (1951).

120 In der Spieltheorie werden unterschiedliche Arten von Spielen definiert; so etwa »Spiele in strategischer Form«, »Spiele in extensiver Form«, »Koalitionsspiele« oder »evolutorische Spiele«. Vgl. z. B. Myerson (1991), Osborne und Rubinstein (1994) oder Holler, Illing und Napel (2019).

121 Zum Gleichgewichtsbegriff vgl. Vilks (1991, 1992).

122 Numerische Nutzenwerte u(A) und u(B) »repräsentieren« (definitionsgemäß) die Präferenz $A \succ B$, falls $u(A) > u(B)$.

123 Stiglitz (2024), S. 58.

124 Der Leser, der ein wenig Spieltheorie kennt, wird hier die Struktur des berühmten »Gefangenendilemmas« erkennen: N ist für beide Spieler eine streng dominante Strategie.

125 Vgl. Musgrave, Musgrave und Kullmer (1975), S. 53ff., oder Stiglitz (2000), S. 127ff.

126 Vgl. Bator (1958).

127 Akerlof (1970).

128 Vgl. z. B. Stiglitz (2001, 2002 b).

129 Akerlof (2003).

130 Sen (1970).

131 Für eine weiterführende Diskussion des Konflikts von Liberalitätsprinzip und Pareto-Kriterium vgl. z. B. Gibbard (1974) oder Kelsey (1985).

132 Jakobs (2022), S. 13.

133 Gesellschaftsmodelle, die Elemente von Marktwirtschaft mit Elementen von Sozialismus verbinden, finden sich schon bei Walras (vgl. Potier, 2011), Pareto (vgl. Mornati, 2020) und Lange (1938) sowie in neuerer Zeit z. B. bei Stiglitz (1994) oder Bardhan und Roemer (1992).

134 Es sei angemerkt, dass für den in Kapitel 7 erwähnten Existenzbeweis von Arrow und Debreu angenommen wird, dass die Konsum- und Produktionsmöglichkeitenmengen konvex sind. Zunehmende Skalenerträge sind damit per Annahme ausgeschlossen.

135 Vgl. z. B. Stiglitz (2000), S. 190ff, sowie zum Begriff des natürlichen Monopols Mosca (2008).

136 https://www.spiegel.de/wirtschaft/emotional-aufgeladen-a-10bdb419-0002-0001-0000-000014353177?context=issue.

137 Der Begriff geht zurück auf Chamberlin (1933).

138 Vgl. van Horn (2015).

139 So etwa Oswalt (2017), S. 56.

140 Ebd., S. 1. Das Originalzitat findet sich bei Eucken (2012), S. 85.

141 https://www.youtube.com/watch?v=mlwxdyLnMXM.

142 Thiel (2014), S. 34f.

143 Hayek (2005 [1945]), S. 39f.

144 Ebd., S. 57.

145 Ebd., S. 45.

146 Zitiert nach Mirowski und Plehwe (2015), S. 22f.

147 https://fee.org/about/.

148 Laut seiner offiziellen Website wurde das »Adam Smith Institute« gegründet »in the 1970s, as post-war socialism reached its high-watermark.

Then, as now, its purpose was to educate the public about free markets and economic policy, and to inject sound ideas into the public debate«.

149 Vgl. Stedman Jones (2012), S. 134ff. und die Beiträge in Mirowski und Plehwe (2015).

150 Vgl. https://www.hayek-stiftung.de/stiftung/ueberblick-deutscher-einrichtungen-und-abgrenzung/.

151 Hazlitt (1979 [1946]), S. 108.

152 Keynes (1931), S. 394. Vgl. auch Robinson (1972), S. 2, und Samuelson (2009).

153 Zitiert nach Ebenstein (2001), S. 81.

154 Hayek (1976), S. 112.

155 Ebd., S. 118f.

156 Ebd., S. 119.

157 Hayek (1960), S. 274f.

158 Rothbard (2009 [1962, 1970]), S. 1048. Eine differenzierte Analyse der Marktliberalen von Smith über Pareto und Simons bis Hayek und Rothbard, die zwischen pragmatischen und dogmatischen Vertretern des Liberalismus unterscheidet, findet sich bei Mittermaier (2020). Als pragmatisch bezeichnet er diejenigen, die dem Staat die Aufgabe zubilligen, die Regeln des Wettbewerbs bewusst und planvoll festzusetzen, als dogmatisch diejenigen, die meinen, selbst diese Aufgabe solle der »unsichtbaren Hand« überlassen werden.

159 Offer und Söderberg (2019), S. 104ff. und 178ff.

160 Offer und Söderberg (2019), S. 127ff.

161 Myrdal (1977), S. 52.

162 Ranelagh (1991), S. ix.

163 Vgl. Yergin und Stanislaw (1998), S. 96ff.

164 Bakker (2001).

165 Vgl. Towers (1989).

166 Vgl. Valdes (1995) oder Fischer (2015).

167 Vgl. Caldwell und Montes (2015).

168 Hayek in »The Times« vom 3. August 1978.

169 Applebaum (2019), S. 264.

170 Hammond (2011); Stedman Jones (2012), S. 265.

171 http://www.conservative.org/acuf/our-philosophy/#ixzz1j3yxIeBE.

172 Stedman Jones (2012), S. 264. Vgl. auch Appelbaum (2019), S. 94ff.

173 https://www.govinfo.gov/content/pkg/STATUTE-96/pdf/STATUTE-96-Pg1469.pdf.

174 Fredrickson et al. (2018).

175 Vgl. Ruane (2011).

176 Stedman Jones (2012), S. 266.

177 Komlos und Schubert (2020), S. 67.

178 Kleinknecht (2009), S. 120ff.

179 Vgl. Kelly (1992), Humphrys (2018).

180 Vgl. Menz (2002), sowie die Beiträge in Easton (1989).

181 Vgl. Romero (2002).

182 http://europa.eu/documents/comm/white_papers/pdf/com1985_0310_f_de.pdf.

183 www.1000dokumente.de/index.html?c=dokument_de&dokument=0079_lam&object=translation&st=&l=de.

184 Deutscher Bundestag, Stenographischer Bericht, 10. Wahlperiode, 4. Sitzung, 4.5.1983.

185 Hier zitiert nach Sack (2019), S. 151.

186 Vgl. Sack (2019), Mayer (2006) oder die Beiträge in Ragnitz (2004). Die Deutsche Bahn wurde zwar in eine Aktiengesellschaft überführt, verblieb aber entgegen anfänglicher Planung bisher im Eigentum des Bundes.

187 In Europa erheben noch Frankreich, Spanien, Norwegen und die Schweiz eine Vermögensteuer, allerdings mit niedrigen Steuersätzen und niedrigem Aufkommen. Vgl. Saez und Zucman (2022).

188 Vgl. dazu etwa www.bundesstiftung-aufarbeitung.de/de/recherche/dossiers/die-treuhandanstalt sowie Ther (2016).

189 Vgl. Ther (2016).

190 Yergin & Stanislaw (1998), S. 132f.

191 Williamson (1990a), S. 1.

192 Williamson (1990b).

193 Ebd., S. 18.

194 Slobodian und Bebnowski (2025).

195 Stiglitz (2024), s. 216.

196 Leijonhufvud (1973)

197 Z. B. Stiglitz (1991), Samuels (2011), Vilks (2018) oder Mittermaier (2020).

198 Stiglitz (2001), S. 503.

199 Fischer (2011), S. 34f.

200 Mankiw und Taylor (2011), S. 10.

201 Kuhn (1970), S. 150.

202 Vgl. van Horn und Mirowski (2015).

203 Man vergleiche etwa die mehr als 50 Beiträge im »Handbook of Neoliberalism«, herausgegeben von Springer et al. (2016).

204 Vgl. Hawthorne (1991).

205 Vgl. Stiglitz (2010), Horn (2011), aber auch Mahoney (2018).

206 Vgl. Stiglitz (2002 a), Feyder (2010) oder Deaton (2013).

207 Vgl. Zeldins Ankündigung im Wall Street Journal, dass er einen »Dolch

ins Herz der Klima-Religion stoßen« wolle. https://www.wsj.com/opinion/lee-zeldin-epa-ends-the-green-new-deal-aa81de06.

208 Vgl. Heath und Gifford (2006) sowie Jacques, Dunlap und Freeman (2008) sowie Elsasser und Dunlap (2012).

209 Für eine detaillierte Darstellung des Zusammenhangs von Neoliberalismus und zunehmender Ungleichheit sei hier auch auf Detel (2025) verwiesen.

210 Vgl. etwa Atkinson und Harrison (1978), Atkinson (1983, 2015).

211 Beides ist zugänglich unter https://wid.world bzw. https://wir2022.wid.world.

212 Zu den verschiedenen Aspekten der Ungleichheit in den USA vgl. Stiglitz (2016 a), Case und Deaton (2021), sowie Deaton (2013, 2023).

213 Eine detaillierte Darstellung der Ungleichheit und ihrer Geschichte, die auch die Einkommensungleichheit und die Ungleichheit der »ökologischen Fußabdrücke« einbezieht, findet man bei Detel (2025). Die Ungleichheit speziell in Deutschland wird auch von Fratzscher (2016) analysiert.

214 Albers et al. enthält sogar Daten ab 1895, die uns freundlicherweise von Charlotte Bartels zur Verfügung gestellt wurden. Wir beschränken und hier auf die Zahlen für Nachkriegs-Deutschland.

215 Die Milliardärsliste von Forbes enthält ca. 2600 Personen, allerdings gehen die Autoren des World Inequality Report 2022 davon aus, dass solche Listen bei Weitem nicht vollständig sind. Vgl. ebd., S. 98.

216 Vgl. https://www.core-econ.org/the-economy/microeconomics/05-the-rules-of-the-game-12-measuring-economic-inequality.html oder https://ourworldindata.org/what-is-the-gini-coefficient. Genau genommen, haben wir den mitunter so genannten »normierten Gini-Koeffizienten« erklärt. Der Gini-Koeffizient wird in Lehrbüchern meist – unnötig umständlich – über die sogenannte Lorenz-Kurve definiert. Vgl. z. B. Bamberg, Baur und Krapp (2022), S. 22ff., oder Sen (1973), wo auch andere Ungleichheitsmaße diskutiert werden.

217 Piketty (2014), S. 1.

218 Laut Solow (2014) hat Piketty recht, während sowohl Acemoglu und Robinson (2015) als auch Stiglitz (2016 b) ihm widersprechen. Alle vier sind Nobelpreisträger.

219 Zum Folgenden vgl. Fargione et al. (2011), sowie Vilks (2025).

220 Vgl. Burkardt (2023).

221 Die Berechnungen wurden mittels der Programmiersprache R auf einem handelsüblichen »Laptop« durchgeführt.

222 Für Details vgl. Vilks (2025).

223 Vgl. Piketty (2014), S. 524ff. und Chancel et al. (2022), S. 136ff.

224 https://www.taxmenow.eu/.

225 De Grauwe (2017).

Zeittafel

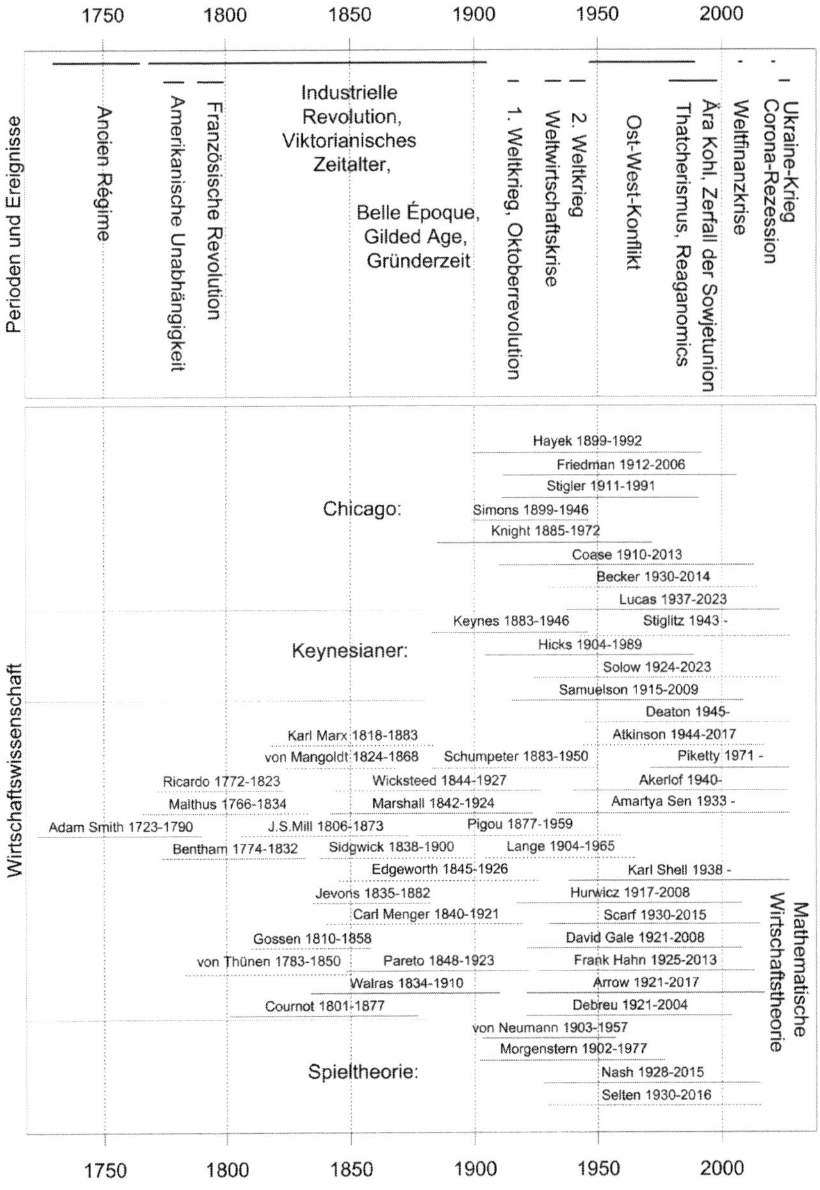

Abb. 31: Lebensdaten der im Text erwähnten Ökonomen vor dem Hintergrund wichtiger Perioden und Ereignisse

Literaturverzeichnis

Acemoglu, D. 2009. *Introduction to Modern Economic Growth.* Princeton und Oxford: Princeton University Press.

Acemoglu, D., und J. A. Robinson. 2015. »The Rise and Decline of General Laws of Capitalism.« *Journal of Economic Perspectives, Vol. 29*, 3–28.

Akerlof, G. A. 1970. »The Market for ›Lemons‹: Quality Uncertainty and the Market Mechanism.« *Quarterly Journal of Economics*, 489–500.

–. 2003. Writing the »The Market for ›Lemons‹: A Personal Interpretive Essay.« *https://www.nobelprize.org/prizes/economic-sciences/2001/akerlof/article/.*

Albers, T. N. H., C. Bartels, und M. Schularick. 2022. *Wealth and its Distribution in Germany 1895–2018.* CESifo Working Paper No. 9739, München: CESifo GmbH.

Aliprantis, C. D., D. J. Brown, und O. Burkinshaw. 1989. *Existence and Optimality of Competitive Equilibrium.* Berlin: Springer.

Appelbaum, B. 2019. *The Economists' Hour. How the False Prophets of Free Markets Fractured our Society.* London: Picador.

Arrow, K. J. 1951. »An Extension of the Basic Theorems of Welfare Economics.« In J. Neyman (Hrsg.), *Proceedings of the Second Berkeley Symposium on Mathematical Statistics and Probability.* University of California Press, 507–532.

Arrow, K. J., H. D. Block, und L. Hurwicz. 1959. »On the Stability of the Competitive Equilibrium, II.« *Econometrica*, 82–109.

Arrow, K. J., und G. Debreu. 1954. »Existence of an Equilibrium for a Competitive Economy.« *Econometrica, Vol. 22*, 265–290.

Arrow, K. J., und F. H. Hahn. 1971. *General Competitive Analysis.* Amsterdam: North-Holland.

Atkinson, A. B. 1983. *The Economics of Inequality. 2nd ed.* Oxford: Oxford University Press.

–. 2015. *Inequality. What can be done?* Cambridge, MA: Harvard University Press.

Atkinson, A. B., und A. J. Harrison. 1978. *Distribution of personal wealth in Britain.* Cambridge: Cambridge University Press.

Bakker, K. J. 2001. »Paying for water: water pricing and equity.« *Transactions of the Institute of British Geographers*, 143–164.

Bamberg, G., F. Baur, und M. Krapp. 2022. *Statistik. 19. Aufl.* Berlin und Boston: de Gruyter.

Bardhan, P., und J. E. Roemer. 1992. »Market Socialism: A Case for Rejuvenation.« *Journal of Economic Perspectives*, 101–116.

Barone, E. 1935. »The Ministry of Production in the Collectivist State (Übersetzung von ›Il ministerio della produzione nello stato collectivista‹, Giornale degli Economisti, 1908).« In Hayek (1935), 245–290.

Bator, F. M. 1958. »The Anatomy of Market Failure.« *The Quarterly Journal of Economics, Vol. 72*, 351–379.

Baye, M. R., und J. T. Prince. 2022. *Managerial Economics and Business Strategy. Tenth Edition.* New York: McGraw Hill.

Benhabib, J., und R. H. Day. 1982. »A Characterization of Erratic Dynamics in the Overlapping Generations Model.« *Journal of Economic Dynamics and Control*, 27–55.

Bergson, A. 1938. »A Reformulation of Certain Aspects of Welfare Economics.« *The Quarterly Journal of Economics, Vol. 52*, Februar: 310–334.

–. 1948. »Socialist Economics.« In H. S. Ellis (Hrsg.), *A Survey of Contemporary Economics, Vol. I.* Homewood: Richard D. Irwin, 412–448.

Berthonnet, I., und T. Delclite. 2015. »Pareto-Optimality or Pareto-Efficiency: Same Concept, Different Names? An Analysis Over a Century of Economic Literature.« *A Research Annual (Research in the History of Economic Thought and Methodology, Vol. 32)*, 129–145.

Blaug, M. 2007. »The Fundamental Theorems of Modern Welfare Economics, Historically Contemplated.« *History of Political Economy, Vol. 39*, 185–2007.

Bryant, W. D. 2010. *General Equilibrium. Theory and Evidence.* New Jersey: World Scientific.

Burkardt, J. 2023. »The Truncated Normal Distribution.« https://people.sc.fsu.edu/jburkardt/presentations/truncated_normal.pdf.

Caldwell, B., und L. Montes. 2015. »Friedrich Hayek and his visits to Chile.« *The Review of Austrian Economics, 28*, 261–309.

Case, A., und A. Deaton. 2021. *Deaths of Despair and the Future of Capitalism.* Princeton: Princeton University Press.

Cass, D. 1972. »On Capital Overaccumulation in the Aggregative, Neoclassical Model of Economic Growth: A Complete Characterization.« *Journal of Economic Theory*, 200–223.

Chamberlin, E. H. 1933. *The Theory of Monopolistic Competition.* Cambridge, MA: Harvard University Press.

Chancel, L., T. Piketty, E. Saez, und G. Zucman. 2022. »World Inequality Report 2022.« https://wir2022.wid.world.

Coase, R. H. 1937. »The Nature of the Firm.« *Economica*, November: 386–405.

–. 1960. »The Problem of Social Cost.« *Journal of Law and Economics*, Oktober: 1–44.

–. 1976. »Adam Smith's View of Man.« *The Journal of Law and Economics*, Oct.: 529–546.
Cord, R. A., Hrsg. 2022. *The Palgrave Companion to Chicago Economics.* Cham: Palgrave Macmillan.
Cournot, A. A. 1897 [1838]. *Researches into the Mathematical Principles of the Theory of Wealth. [Recherches sur les principes mathématiques de la théorie des richesses].* New York: Macmillan.
De Grauwe, P. 2017. *The Limits of the Market. The Pendulum Between Government and Market* . Oxford: Oxford University Press.
Deaton, A. 2013. *The Great Escape. Health, Wealth, and the Origins of Inequality.* Princeton: Princeton University Press.
–. 2023. *Economics in America: An Immigrant Economist Explores the Land of Inequality.* Princeton: Princeton University Press.
Debreu, G. 1951. »The Coefficient of Resource Utilization.« *Econometrica, Vol. 19*, 273–292.
–. 1959. *Theory of Value. An Axiomatic Analysis of Economic Equilibrium.* New Haven: Yale University Press.
Detel, W. 2025. *Schockierende Ungleichheit. Ursachen, Folgen, Gefahren und was wir dagegen tun können. Ein politischer Essay.* Hamburg: Meiner.
Diamond, P. A. 1965. »National Debt in a Neoclassical Growth Model.« *The American Economic Review*, 1126–1150.
Easton, B. (Hrsg.). 1989. *The Making of Rogernomics.* Auckland: Auckland University Press.
Ebenstein, A. 2001. *Friedrich Hayek: A Biography.* New York: St. Martin's Press.
Elsasser, S. W., und R. E. Dunlap. 2012. »Leading Voices in the Denier Choir: Conservative Columnists' Dismissal of Global Warming and Denigration of Climate Science .« *American Behavioral Scientist, 57(6)*, 754–776.
Eucken, W. 2012. *Wirtschaftsmacht und Wirtschaftsordnung. 2. Aufl.* Berlin: Lit Verlag.
Fargione, J. E., C. Lehman, und S. Polasky. 2011. »Entrepreneurs, Chance, and the Deterministic Concentration of Wealth.« *PLoS ONE*, 6(7): e20728. https://doi.org/10.1371/journal.pone.0020728.
Feyder, J. 2010. *Mordshunger. Wer profitiert vom Elend der armen Länder?* München: Westend.
Fischer, K. 2015. »The Influence of Neoliberals in Chile before, during, and after Pinochet.« In Mirowski und Plehwe (2015), 305–346.
Fisher, F. M. 1983. *Disequilibrium foundations of equilibrium economics.* Cambridge: Cambridge University Press.
Fisher, F. M. 2011. »The stability of general equilibrium – what do we know and why is it important?« In P. Bridel (Hrsg.), *General Equilibrium Analysis. A Century after Walras.* New York: Routledge, 34–45.

Fratzscher, M. 2016. *Verteilungskampf. Warum Deutschland immer ungleicher wird.* München: Carl Hanser.

Fredrickson, L., C. Sellers, L. Dillon, J. L. Ohayon, N. Shapiro, M. Sullivan, S. Bocking, et al. 2018. »History of US Presidential Assaults on Modern Environmental Health Protection.« *American Journal of Public Health*, S95-S103.

Friedman, J. W. 1986. *Game Theory with Applications to Economics.* New York und Oxford: Oxford University Press.

Friedman, M. 1951. »Neo-Liberalism and its Prospects.« *Farmand*, 17. Februar: 89–93.

–. 2020 [1962]. *Capitalism and Freedom.* Chicago und London: The University of Chicago Press.

–. 1970 a. »The Social Responsibility of Business is to Increase its Profits.« *The New York Times Magazine, September 13.*

–. 1970 b. »A Theoretical Framework for Monetary Analysis.« *Journal of Political Economy*, 193–238.

Friedman, M., und G. J. Stigler. 1946. *Roofs or Ceilings? The Current Housing Problem.* Irvington-on-Hudson, NY.: The Foundation for Economic Education.

Friedman, M., und R. Friedman. 1980. *Free to Choose. A Personal Statement.* New York: Harcourt.

Gale, D. 1973. »Pure Exchange Equilibrium of Dynamic Economic Models.« *Journal of Economic Theory*, 12–36.

Gibbard, A. 1974. »A Pareto-Consistent Libertarian Claim.« *Journal of Economic Theory (7)*, 388–410.

Gintis, H. 2007. »The Dynamics of General Equilibrium.« *The Economic Journal*, October: 1280–1309.

Grandmont, J.-M. 1985. »On Endogenous Competitive Business Cycles.« *Econometrica*, 995–1045.

Hahn, F. H. 1958. »Gross substitutes and the dynamic stability of general equilibrium.« *Econometrica*, 169–170.

Hahn, F. H. 1985. »Some Keynesian Reflections on Monetarism.« In F. Vicarelli (Hrsg.), *Keynes's Relevance Today.* London: Palgrave Macmillan, 1–20.

Hammond, J. D. 2011. »Markets, Politics, and Democracy at Chicago: Taking Economics Seriously.« In R. Van Horn, P. Mirowski und T. A. Stapleford (Hrsg.), *Building Chicago Economics: New Perspectives on the History of America's Most Powerful Economics Program.* Cambridge: Cambgridge University Press, 36–64.

Hawthorn, G. 1991. *Plausible Worlds. Possibility and understanding in history and the social sciences.* Cambridge: Cambridge University Press.

Hayek, F. A. (Hrsg.). 1935. *Collectivist Economic Planning.* London: Routledge.
Hayek, F. A. 1960. *The Constitution of Liberty.* London: Routledge.
–. 1973. *Law, Legislation and Liberty, Volume I.* London: Routledge & Kegan Paul.
–. 1974. »The Pretence of Knowledge.« *www.nobelprize.org.* https://www.nobelprize.org/prizes/economic-sciences/1974/hayek/lecture/.
–. 1976. *Law, Legislation and Liberty, Volume II.* London: Routledge & Kegan Paul.
Hazlitt, H. 1979 [1946]. *Economics in One Lesson. The Shortest & Surest Way to Understand Basic Economics.* New York: Currency.
Heath, Y., und R. Gifford. 2006. »Free-Market Ideology and Environmental Degradation. The Case of Belief in Global Climate Change.« *Environment and Behavior*, Januar: 48–71.
Henderson, J. M., und R. E. Quandt. 1971. *Microeconomic Theory. A Mathematical Approach. 2nd ed.* New York: McGraw-Hill.
Hicks, J. R. 1937. »Mr. Keynes and the ›Classics‹: A Suggested Interpretation.« *Econometrica*, 147–159.
–. 1939 a. »The Foundations of Welfare Economics.« *The Economic Journal*, 696–712.
–. 1939 b. *Value and Capital.* Oxford: Oxford University Press.
Hildenbrand, W., und A. Kirman. 1988. *Equilibrium Analysis.* Amsterdam: North-Holland.
Hill, Lisa. 2011. »The hidden theology of Adam Smith.« *The European Journal of the History of Economic Thought*, Jan.: 1–29.
Hirshey, M., und E. Bentzen. 2014. *Managerial Economics. 13th ed.* Andover: Cengage Learning.
Holler, M. J., G. Illing, und S. Napel. 2019. *Einführung in die Spieltheorie, 8. Aufl.* Berlin: Springer.
Horn, G. A. 2011. *Des Reichtums fette Beute. Wie die Ungleichheit unser Land ruiniert.* Frankfurt am Main: Campus.
Howson, G. 1982. *A history of mathematics education in England.* Cambridge: Cambridge University Press.
Humphrys, E. 2018. *How Labour Built Neoliberalism: Australia's Accord, the Labour Movement and the Neoliberal Project.* Leiden: Brill.
Intriligator, M. D. 1971. *Mathematical Optimization and Economic Theory.* Englewood Cliffs, N.J.: Prentice-Hall.
Jacques, P. J., R. E. Dunlap, und M. Freeman. 2008. »The organisation of denial: Conservative think tanks and environmental scepticism.« *Environmental Politics, 17:3*, 349–385.
Jaffé, W. 1977. »The normative bias of the Walrasian Model: Walras versus Gossen.« *Quarterly Journal of Economics*, 371–387.

Jakobs, H.-J. 2022. *Das Monopol im 21. Jahrhundert.* München: DVA.
Janssen, M. C. W. 1990. *Micro and Macro in Economics. An inquiry into their relation.* Groningen: Wolters-Noordhoff.
Jevons, W. S. 1871. *The Theory of Political Economy.* London und New York: Macmillan.
Johnson, Michael D. 1997. *Customer Orientation and Market Action.* Upper Saddle River, NJ: Prentice Hall.
Kelly, P. 1992. *The End of Certainty: the Story of the 1980s.* St Leonards: Allen & Unwin.
Kelsey, D. 1985. »The Liberal Paradox: A Generalisation.« *Social Choice and Welfare (1)*, 245–250.
Kennedy, Gavin. 2011. »The Hidden Adam Smith in his Alleged Theology.« *Journal of the History of Economic Thought.*, September: 385–402.
Keynes, J. M. 2009 [1926]. »The End of Laissez-Faire.« In J. M. Keynes, *Essays in Persuasion.* New York: Classic House Books, 169–175.
–. 1931. »The Pure Theory of Money. A Reply to Dr. Hayek.« *Economica*, November: 387–397.
–. 1973 [1936]. *The General Theory of Employment, Interest and Money.* London: The Macmillan Press.
Klein, L. R. 1946 a. »Macroeconomics and the Theory of Rational Behavior.« *Econometrica*, 93–108.
–. 1946 b. »Remarks on the Theory of Aggregation.« *Econometrica*, 303–312.
Kleinknecht, W. 2009. *The Man Who Sold the World. Ronald Reagan and the Betrayal of Main Street America.* New York: Nation Books.
Knight, F. H. 1921. *Risk, Uncertainty, and Profit.* Boston und New York: Houghton Mifflin.
–. 1923. »The Ethics of Competition.« *Quarterly Journal of Economics*, 579–624.
Komlos, J., und H. Schubert. 2020. »Reaganomics – Wegbereiter des Trumpismus«. *Wirtschaftsdienst*, 64–71. doi:10.1007/s10273-020-2563-0.
Koopmans, T. C. 1957. *Three Essays on the State of Economic Science.* New York: McGraw-Hill.
Kromphardt, J. 2020. *John Maynard Keynes. 2. Auflage.* München: UVK.
Kuhn, T. 1970. *The Structure of Scientific Revolutions. Second Edition.* Chicago: University of Chicago Press.
Lakatos, I. 1970. »Falsification and the Methodology of Scientific Research Programmes.« In I. Lakatos und A. Musgrave (Hrsg.), *Criticism and the Growth of Knowledge.* Cambridge: Cambridge University Press, 91–196.
Lange, O. 1938. »On the Economic Theory of Socialism.« In B. E. Lippincott (Hrsg.), *On the Economic Theory of Socialism.* Minneapolis: University of Minnesota Press, 57–143.

–. 1942. »The Foundations of Welfare Economics.« *Econometrica, Vol. 10*, 215–228.

Leijonhufvud, A. 1973. »Life among the Econ.« *Western Economic Journal*, 327–337.

Lerner, A. P. 1934. »The Concept of Monopoly and the Measurement of Monopoly Power.« *The Review of Economic Studies, Vol. 1*, Juni: 157–175.

Lippincott, B. E. (Hrsg.). 1938. *On the Economic Theory of Socialism*. Minneapolis: Minnesota University Press.

Long, B. 2006. »Adam Smith's natural theology of society.« In V. Brown (Hrsg.), *The Adam Smith Review Volume 2*, London: Routledge.

Lucas, R. E. Jr. 1977. »Understanding business cycles.« *Carnegie-Rochester Conference Series on Public Policy, Volume 5*, 7–29.

Mahoney, P. G. 2018. »Deregulation and the Subprime Crisis.« *Virginia Law Review. Vol. 104*, April: 235–300.

Malinvaud, E. 1956. »L'agrégation dans les modèles économiques.« *Cahiers Du Séminaire d'Économétrie*, 69–146.

Mankiw, N. G., und M. P. Taylor. 2011. *Economics. 2nd ed.* Andover: Cengage Learning.

Marshall, A. 1922. *Principles of Economics*. 8. Ed. London: Macmillan.

Mas-Colell, A., M. D. Whinston, und J. R. Green. 1995. *Microeconomic Theory*. Oxford: Oxford University Press.

Mayer, F. 2006. *Vom Niedergang des unternehmerisch tätigen Staates. Privatisierungspolitik in Großbritannien, Frankreich, Italien und Deutschland*. Wiesbaden: VS Verlag für Sozialwissenschaften.

McKenzie, L. W. 2002. *Classical General Equilibrium Theory*. Cambridge, MA: The MIT Press.

Menz, G. 2002. »More Thatcher than the real thing: Policy transfer and economic reforms in New Zealand.« In M. de Jong, K. Lalenis und V. Mamadou (Hrsg.), *The Theory and Practice of Institutional Transplantation*. Berlin und Heidelberg: Springer, 137–152.

Mirowski, P., und D. Plehwe (Hrsg.), 2015. *The Road from Mont Pèlerin. The Making of the Neoliberal Thought Collective. With a New Preface*. Cambridge, MA, und London: Harvard University Press.

Mittermaier, K. 2020. *The Hand Behind the Invisible Hand. Dogmatic and Pragmatic Views on Free Markets and the State of Economic Theory*. Bristol: Bristol University Press.

Moore, J. C. 2007. *General Equilibrium and Welfare Economics*. Berlin: Springer.

Mornati, F. 2020. *Vilfredo Pareto: An Intellectual Biography. Volume III*. Cham: Palgrave Macmillan. https://doi.org/10.1007/978-3-030-57757-5.

Mosca, M. 2008. »On the origins of the concept of natural monopoly: Economies of scale and competition.« *The European Journal of the History of Economic Thought*, 317–353.

Musgrave, R. A., P. B. Musgrave, und L. Kullmer. 1975. *Die öffentlichen Finanzen in Theorie und Praxis.* Tübingen: Mohr.

Myerson, R. B. 1991. *Game Theory. Analysis of Conflict.* Cambridge, MA: Harvard University Press.

Myrdal, G. 1977. »The Nobel Prize in Economic Science.« *Challenge*, März-April: 50–52.

Nash, J. F. 1951. »Non-cooperative Games.« *Annals of Mathematics*, 286–295.

Nataf. 1948. »Sur la Possibilité de Construction de Certains Macromodèles.« *Econometrica*, 232–244.

O'Donnell, M. G. 1979. »Pigou: an Extension of Sidgwickian Thought.« *History of Political Economy*, 588–605.

Offer, A., und G. Söderberg. 2016. *The Nobel Factor. The Prize in Economics, Social Democracy, and the Market Turn.* Princeton: Princeton University Press.

Osborne, M. J., und A. Rubinstein. 1994. *A Course in Game Theory.* Cambridge, MA: MIT Press.

Oswalt, W. 2017. *No Mono. Kapitalismus ohne Konzerne. Für eine liberale Revolution.* Münster: LIT Verlag.

Pareto, V. 2014 [1906]. *Manual of Political Economy. A Critical and Variorum Edition.* Herausgeber: A. Montesano, A. Zanni, L. Bruni, J. S. Chipman und M. McLure. Oxford: Oxford University Press.

Pigou, A. C. 1932. *The Economics of Welfare. 4th ed.* London: Macmillan.

Piketty, T. 2014. *Capital in the Twenty-First Century.* Cambridge, MA und London: Harvard University Press.

Pokropp, F. 1972. *Aggregation von Produktionsfunktionen.* Berlin: Springer.

Potier, J. 2011. »The Socialism of Léon Walras.« *L'Économie politique, No 51(3)*, 33–49. https://shs.cairn.info/journal-l-economie-politique-2011-3-page-33?lang=en.

Ragnitz, J. (Hrsg.). 2004. *Deregulierung in Deutschalnd – theoretische und empirische Analysen. Tagungsband.* Halle: Institut für Wirtschaftsforschung Halle.

Ranelagh, J. 1991. *Thatcher's People.* London: HarperCollins.

Reder, M. W. 2018. »Chicago School.« In *The New Palgrave Dictionary of Economics*, 1548–1556. London: Macmillan.

Reichlin, P. 1986. »Equilibrium Cycles in an Overlapping Generations Economy with Production.« *Journal of Economic Theory*, 89–102.

Robinson, J. 1972. »The Second Crisis of Economic Theory.« *American Economic Review*, 1–10.

Romero, L. A. 2002. *A History of Argentina in the Twentieth Cdntury.* University Park: Pennsylvania State University Press.
Rothbard, M. N. 2009 [1962, 1970]. *Man, Economy, and State. With Power and Market. 2nd ed.* Auburn: Ludwig von Mises Institute.
Ruane, K. A. 2011. *Fairness Doctrine: History and Constitutional Issues.* CRS Report for Congress, Congressional Research Service. https://sgp.fas.org/crs/misc/R40009.pdf.
Sack, D. 2019. *Vom Staat zum Markt. Privatisierung aus politikwissenschaftlicher Perspektive.* Wiesbaden: Springer VS.
Saez, E., und G. Zucman. 2022. »Wealth Taxation: Lessons from History and Recent Developments.« *AEA Papers and Proceedings, 112*, 58–62.
Samuels, W. J. 2011. *Erasing the Invisible Hand. Essays on an Elusive and Misused Concept in Economics.* Cambridge: Cambridge University press.
Samuelson, P. A. 1947. *Foundations of Economic Analysis.* Cambridge, MA: Harvard University Press.
–. 1958. »An Exact Consumption-Loan Model of Interest with or without the Social Contrivance of Money.« *Journal of Political Economy*, 467–482.
–. 2009. »A few remembrances of Friedrich von Hayek.« *Journal of Economic Behavior & Organization*, 1–4.
Scarf, H. 1960. »Some Examples of Global Instability of the Competitive Equilibrium.« *International Economic Review*, 157–172.
Scherf, H. 1986. *Marx und Keynes.* Frankfurt: Suhrkamp.
Schumpeter, J. A. 1994 [1954]. *History of Economic Analysis.* Oxford: Oxford University Press.
Sen, A. 1970. »The Impossibility of a Paretian Liberal.« *Journal of Political Economy, Vol. 78*, 152–157.
–. 1973. *On Economic Inequality.* Oxford: Oxford University Press.
Shell, K. 1971. »Notes on the Economics of Infinity.« *Journal of Political Economy*, 1002–1011.
Simons, H. C. 1934. *A Positive Program for Laissez Faire.* Chicago: University of Chicago Press.
Slobodian, Q., und D. Bebnowski. 2025. »Der Vordenker des neuen Rechtspopulismus.« https://politischeoekonomie.com/der-vordenker-des-neuen-rechtspopulismus.
Smith, Adam. 1976 [1759]. *The Theory of Moral Sentiments.* Indianapolis: Liberty Classics.
–. 1991 [1776]. *The Wealth of Nations.* London: David Campbell Publishers.
Solow, R. M. 2011. »Macroeconomics and the uses of general equilibrium.« In P. Bridel (Hrsg.), *General Equilibrium Analysis. A Century after Walras.* New York: Routledge, 34–45.
–. 2014. »Thomas Piketty is Right. Everything you need to know about ›Capital in the Twenty-First Century‹.« *The New Republic*, April 22.

Springer, S., K. Birch, und J. MacLeavy. 2016. *The Handbook of Neoliberalism.* New York und London: Routledge.

Stedman Jones, D. 2012. *Masters of the Universe. Hayek, Friedman, and the Birth of Neoliberal Politics* . Princeton: Princeton University Press.

Steele, G. R. 2018. *The Economic Thought of Henry Calvert Simons. Crown Prince of the Chicago School.* London Und New York: Routledge.

Stigler, G. J. 1946. »The Economics of Minimum Wage Legislation.« *The American Economic Review,* Juni: 358–365.

–. 1971. »The Theory of Economic Regulation.« *The Bell Journal of Economics and Management Science,* 3–21.

Stiglitz, J. E. 1991. »The Invisible Hand and Modern Welfare Economics.« *NBER Working Paper No. w3641.* März. https://ssrn.com/abstract=227430.

–. 1994. *Whither Socialism?* Cambridge und London: The MIT Press.

–. 2000. *Economics of the Public Sector, 3rd. ed.* New York: Norton.—. 2010. *Freefall. America, Free Markets, and the Sinking of the World Economy.* New York: Norton.

–. 2001. »Information and the Change in the Paradigm in Economics.« https://www.nobelprize.org/uploads/2018/06/stiglitz-lecture.pdf.

–. 2002 a. *Globalization and its discontents.* London: Penguin Books.

–. 2002 b. »Keynesian Economics and Critique of First Fundamental Theorem of Welfare Economics.« In T. Cowen und E. Crampton (Hrsg.), *Market Failure or Success: The New Debate.* Cheltenham: Edward Elgar, 41–65.

–. 2016 a. *The Great Divide.* London: Penguin Books.

–. 2016 b. »New Theoretical Perspectives on the Distribution of Income and Wealth Among Individuals.« In K. Basu und J. E. Stiglitz (Hrsg.), *Inequality and Growth: Patterns and Policy. Volume I: Concepts and Analysis.* Palgrave Macmillan.

–. 2024. *The Road to Freedom. Economics and the Good Societiy.* New York: Norton.

Ther, P. 2016. *Die neue Ordnung auf dem alten Kontinent. Eine Geschichte des neoliberalen Europa.* Berlin: Suhrkamp.

Thiel, P. 2014. *Zero to One. Notes on Startups, or How to Build the Future.* New York: Crown Business.

Towers, B. 1989. »Running the Gauntlet: British Trade Unions under Thatcher, 1979–1988.« *ILR Review,* 42, 163–188.

Uzawa, H. 1959–60. »Walras' tâtonnement in the theory of exchange.« *Review of Economic Studies,* 182–194.

Valdés, J. G. 1995. *Pinochet's Economists. The Chicago School in Chile.* Cambridge: Cambridge University Press.

Van Daal, J., und A. H. Q. M. Merkies. 1984. *Aggregation in Economic Research. From Individual to Macro Relations.* Dordrecht: Reidel.

Van Horn, R. 2015. »Reinventing Monopoly and the Role of Corporations.« In Mirowski und Plehwe (2015), 204–237.

Van Horn, R., und P. Mirowski. 2015. »The Rise of the Chicago School of Economics and the Birth of Neoliberalism.« In Mirowski und Plehwe (2015), 139–178.

Van Overtfeldt, J. 2007. *The Chicago School.* Chicago: Agate.

Varian, H. R. 1974. »Equity, Envy, and Efficiency.« *Journal of Economic Theory, Vol.* 9, 63–91.

–. 2010. *Intermediate Microeconomics. A Modern Approach. Eights Edition.* New York und London: Norton.

Vilks, A. 1984. *Aggregation und Kausalität im Modell des allgemeinen Konkurrenzgleichgewichts.* Göttingen: Vandenhoeck & Ruprecht.

–. 1988. »Approximate Aggregation of Excess Demand Functions.« *Journal of Economic Theory*, August: 417–424.

–. 1989. »Erwartungsbildung und die Dynamik der Beschäftigungsentwicklung.« *Schriftenreihe des Vereins für Socialpolitik, Neue Folge Band 178*, 119–129.

–. 1991. *Neoklassik, Gleichgewicht und Realität.* Heidelberg: Physica.

–. 1992. »A Set of Axioms for Neoclasical Economics and the Methodological Status of the Equilibrium Concept.« *Economics and Philosophy*, 51–82.

–. 2018. »The Inverse Invisible Hand and Heuristics in Managerial Decision-Making.« *Philosophy of Management, 17*, April: 137–147.

–. 2022. »On an ›Important Principle‹ of Arrow and Debreu.« *The B.E. Journal of Theoretical Economics, Vol.* 22, 621–627. https://doi.org/10.1515/bejte-2021-0074.

–. 2025. »On the Role of Luck for the Concentration of Capital and Piketty's ›Fundamental Force of Divergence‹.« *Review of Economic Analysis*, 37–67. https://openjournals.uwaterloo.ca/index.php/rofea/article/view/5711/6268.

Viner, J. 1927. »Adam Smith and Laissez Faire.« *Journal of Political Economy*, 198–232.

Von Mangoldt, H. 1863. *Grundriß der Volkswirthschaftslehre. Ein Leitfaden für Vorlesungen an Hochschulen und für das Privatstudium.* Stuttgart: Engelhorn.

Von Neumann, J., und O. Morgenstern. 2004 [1953]. *Theory of Games and Economic Behavior.* Sixtieth-anniversary edition. Princeton und Oxford: Princeton University Press.

Walras, L. 2014 [1896]. *Elements of Theoretical Economics or The Theory of Social Wealth. [Éléments d'Économie Politique Pure ou Theorie de la*

Richesse Sociale. 3. Ed.]. Übersetzung: D. A. Walker und J. Van Daal. Cambridge: Cambridge University Press.
Weintraub, E. R. 1985. *General equilibrium analysis. Studies in appraisal.* Cambridge: Cambridge University Press.
Williamson, J. 1990 a. »Introduction.« In J. Williamson (Hrsg.), *Latin American Adjustment: How Much has Happened?* Washington: Institute for International Economics, 1–3.
Williamson, J. 1990 b. »What Washington means by Policy Reform.« In J. Williamson (Hrsg.), *Latin American Adjustment: How Much has Happened?* Washington: Institute for International Economics, 5–20.
Yergin, D., und J. Stanislaw. 1998. *The Commanding Heights. The Battle for the World Economy.* New York und London: Simon & Schuster.

Sach- und Personenregister

Abgeltungssteuer 97
Absolutistischer Staat 126
Adam Smith Institute 87, 134
AD-Modell = Arrow-Debreu-Modell 49–58, 65 f., 72, 76, 80 f., 99 f.
Aggregationsproblem 47
Akerlof, George 76 f., 100, 134
Akkumulation 124
Allais, Maurice 86
Allende, Salvador 93 f.
Allokation 11 f., 27, 30, 37, 52–58, 65, 72, 76, 88, 99 f., 131, 133
American Enterprise Institute 87
American Tobacco 84
Anfangsausstattung 50 f., 53, 81, 132
Angebot 23, 25 f., 37, 59, 68, 72
Angebotsfunktion 24
Anti-trust law 84
Arbeitseinkommen 68, 117 f., 121
Arbeitslosigkeit 35, 42, 44, 46
Argentinien 96
Arrow, Kenneth 30–32, 41, 49–51, 54, 61, 72, 90, 130, 132, 134
Arrow-Debreu-Modell = AD-Modell
Atkinson, Anthony 105, 137
AT&T 95
Attlee, Clement 45
Auktionator 60
Außenhandel 45
Australien 95
Axiomatisierung 49

Balcerowicz, Leszek 97
Becker, Gary 41
Bentham, Jeremy 28
Berater 13, 42, 94, 100
Berthonnet, Irène 30 f.
Big Bang 92
Block, Henry D. 61, 132
Bourbaki 49
Briefmonopol 80
Bruttosubstitute 61
Budgetmenge 53, 56
Bundesnetzagentur 124
Bus Regulatory Reform Act 95
Bush, George W. 104

Cambridge 23, 42
Cartan, Henri 49
Carter, Jimmy 94
Cato Institute 87
Cavallo, Domingo 96
Centre for Policy Studies 87
Chicago 29 f., 33, 35–37, 40 f., 49 f., 86, 93, 103, 131
Chicago Boys 93
Chicago School of Economics 33
Chile 93
China 109, 126
Clinton, Bill 36, 95
Coase, Ronald 40 f., 129, 131
Committee on Social Thought 41
Cournot, Antoine Augustin 22 f., 25, 129 f.
Cowles Commission 30, 41, 49 f.

Dänemark 97
Davenport, John 86
DDR 97
de Gaulle, Charles 45

De Grauwe, Paul 126, 137
Deaton, Angus 136
Debreu, Gerard 31f., 41, 49–52, 54, 72, 123, 130, 132, 134
Delclite, Thomas 30f.
Demokratie 36, 82–84, 117
Depository Institutions Deregulation and Monetary Control Act 94
Deregulierung 92, 95f., 104, 123f.
Detel, Wolfgang 10, 129, 137
Deutsche Bank 124
Diamond, Peter Arthur 67, 133
Differentialrechnung 22, 30, 49f.
Director, Aaron 82, 86
Dirigisme 45
Dotcom-Krise 104
Douglas, Roger 96
Duale Einkommensteuer 97
DuPont 84
Dupuit, Arsène 23
Dynamik gesellschaftlicher Prozesse 128
Dynastien 118–120

Edgeworth, Francis Ysidro 23
Effizienz, Pareto- 28, 30, 49, 57f., 73, 76, 90, 96, 99, 123, 133
Eigentumsverhältnisse 55, 76
Einkommenssteuer 20, 36, 39, 87, 89f., 94, 96–98
Eisenbahn 82, 96, 124
Emissionen 74, 104
Employment Act 93
Enron 124
Entwicklungshilfe 104
Erbengeneration 118
Erbschaftsteuer 36, 39, 118, 122, 125, 139
Erwartungen 45, 47, 67
Eucken, Walter 83, 86, 96, 134
Europa 71, 96, 105, 136
Europäische Kommission 96
Europäischer Binnenmarkt 96
Existenzsatz von Arrow und Debreu 54
Externalitäten 74, 76, 99

Fairness Doktrin 95
Fama, Eugene 41
Feyerabend, Paul 101
Finanzkrise 2008 106
Finnland 97
Fisher, Franklin 63, 101, 133
Fiskalpolitik 42, 44
Fixpunktsatz 54, 132
Forschungsprogramm 14, 42, 71, 102f.
Fraenkel, Abraham 49
Fratzscher, Marcel 137
Friedman, Milton 20, 37, 46, 63, 82, 84, 86f., 91, 94
Frisch, Ragnar 90
Fundamentales Theorem der Wohlfahrtstheorie 31, 99

Gale, David 67, 71, 133
Garn-St. Germain Depository Institutions Act 95
Geldmenge 44, 47
Geldnachfrage 44
Gesetz gegen Wettbewerbsbeschränkungen 84
Gewinnmaximierung 24, 53, 55
Gini-Koeffizient 115, 137
Glass-Steagall-Act 36
Gleichgewicht 11, 26, 34f., 42, 44, 54–60, 62f., 66–68, 72f., 75f., 79, 99, 131, 133
Gleichgewichtspreis 23, 61, 63
Globale Erwärmung 105, 127
Globalisierung 104

Gossen, Hermann Heinrich 23
Grenzkosten 22, 82 f.
Grenznutzenschule 23
Grenzsteuersatz 94, 125
Großunternehmen 80, 83 f.

Hahn, Frank 30, 47, 61, 130, 132
Harberger, Arnold 40, 93
Hausdorff, Felix 49
Hawke, Bob 95
Hayek, Friedrich August 7, 20, 41, 46, 91, 94
Hazlitt, Henry 86, 94, 135
Heros 124
Hicks, John R. 43, 59, 90, 130–132
Historische Erklärung 104
Holzmann 124
Hotelling, Harold 49
Hungernde 104
Hurwicz, Leonid 59, 61, 132

IG-Farben 84
IMF 98
Indien 109
Industrielle Revolution 35, 126
Informationen 40, 58, 76, 99 f., 125
Institute of Economic Affairs 87
Internationale Kooperation 126
Interpersonelle Vergleichbarkeit 28 f.
Investitionsnachfrage 43
Irland 97
IS-Kurve 44
Italien 45, 97

Jakobs, Hans-Jürgen 80
Jelzin, Boris 97
Jevons, William Stanley 23

Kapitaleinkommen 117
Kapitalismus 20, 81, 83, 126
Kapitalmärkte 45
Kapitalrendite 116
Keynes, John Maynard 12 f., 41–43, 87, 102 f., 128 f., 131, 135
Keynesianismus 42, 45 f., 96, 100, 103, 123
Kipppunkt 126
Klaus, Václav 97
Klimawandel 104 f.
Knight, Frank H. 33–37, 41, 55, 86, 95, 131
Kohl, Helmut 96
Konkurrenz, vollkommene 33–35, 37, 53, 55, 82, 88, 102
Konsum 34, 52 f., 59 f., 67 f., 70, 72, 75, 88, 117 f., 120, 134
Konsumentenrente 28, 41
Konsumfunktion 118, 120
Konsummöglichkeitenmenge 51
Konsumnachfrage 43, 46
Konsumplan 50 f., 53, 57, 66, 68
Konvexität 54
Kostenfunktion 22
Kuhn, Thomas 14, 101 f., 129, 136
Kuratowski, Kazimierz 49
Kuznets, Simon 90
Kyoto-Protokoll 104

Laffer, Arthur 94
Laissez faire 20
Lakatos, Imre 14, 101, 129
Lambsdorff-Papier 96
Lange, David 96
Lange, Oskar 30, 130, 134
Lausanne 29, 47
Lehrbücher 11, 14, 30 f., 45, 55, 123
Leontief, Wassily 90, 132
Liberalität, minimale 78
LM-Kurve 44
Lobbyismus 83
Lucas, Robert 41, 47, 132
Lundberg, Erik 90

Macht 30, 36, 80, 83, 85, 95, 103, 105, 108, 125 f.
Major, John 95
Makroökonomie 43, 46–48
Malthus, Robert 129
Managementfehler 124
Manchester-Kapitalismus 35
Mangoldt, Hans Karl Emil von 23
Manipulation 127
Markenschutz 82
Marktgleichgewicht 23–25, 67, 72–74
Marktsozialismus 81
Marktversagen 76
Marshall, Alfred 23, 25 f., 28, 42, 50, 59, 130
Marx, Karl 105
Mathematik 21, 33, 49 f., 100, 123, 130
Mathematische Wirtschaftstheorie 14, 21, 27, 88, 123
Medien 105, 125
Menem, Carlos 96
Mengenlehre 49 f.
Menger, Carl 23
Mikroökonomische Fundierung 47
Milei, Javier 15, 98
Mill, John Stuart 28
Miller, Merton 41
Milliardäre 112
Mittermaier, Karl 136
Mixed economy 45 f., 81
Modell 22–25, 27, 33, 35, 37, 42, 44 f., 47, 49–51, 54–56, 58, 65 f., 72 f., 76, 80 f., 88, 90, 99 f., 117, 122, 128 f., 132
Modellvielfalt 127
Monetarismus 46 f.
Monopol 19, 22, 27, 34, 36 f., 39, 41, 80–83, 92, 96, 123 f.
Monopol, natürliches 81
Monopolpreis 22, 82, 129
Mont Pèlerin Society 41, 86, 93, 97
Morgenstern, Oskar 71, 133
Musk, Elon 83
Myrdal, Gunnar 90, 135

Nachfrage 22–26, 37, 43, 45, 59, 61 f., 66, 68, 72, 82
Nachfragefunktion 24
Nachkriegsboom 46
Nash, John 22, 72 f., 75, 79, 102, 133
Nash-Gleichgewicht 72
Nationalsozialismus 126
Natural liberty 19 f.
Neuseeland 96
New Deal 42
Nobelpreis 41, 90 f., 100, 102, 123
Normalverteilung 118
Normalwissenschaft 102
Nutzen 11, 27–29, 55, 66, 69, 72 f., 75, 133
Nutzenmaximierung 24

Öffentliche Güter 20, 74
Ohlin, Bertil 90
Ökonometrie 14, 43
Ökonomie mit Privateigentum 52, 55 f., 81
OLG Modell = overlapping generations model
Oligarchie 97
Ölkrise 46
Ophelimität 29
Optimalität 29 f., 57 f., 76, 99 f., 123, 130
Ostblock 45, 97, 126
Österreich 97
Oswalt, Walter 83, 134
Overlapping generations model 65–70, 76, 99

Pandemie 106
Paradigma 14, 55, 80, 101 f., 123

Pareto, Vilfredo 28–30, 33, 40, 49, 54–58, 65–67, 72 f., 76, 78 f., 88, 99–101, 123, 130 f., 133 f.
Pareto-Theorem 55, 72, 99
PATCO 95
Patente 80
Pigou, Arthur 28, 42, 74, 130
Piketty, Thomas 105, 115–117, 121, 125, 137
Pinochet, Augusto 93
Planwirtschaft 45 f.
Plutokratie 125, 127
Polanyi, Michael 86
Politische Klasse 127
Politische Ökonomie 123, 129
Popper, Karl 86
Populistischer Umsturz 127
Post 80, 96, 124
Präferenzen 34 f., 39, 51, 54 f., 57 f., 66 f., 69, 72–74, 76, 78 f., 81, 88
Präordnung 52, 132
Privates und staatliches Nettovermögens 105, 109
Privatisierung 92, 95, 97 f., 123 f.
Privatisierungen in Großbritannien 92
Produktionsmöglichkeitenmenge 51
Produktionsplan 51
Profit 33, 51 f.

Ranelagh, John 92, 135
Read, Leonard E. 86
Reagan, Ronald 15, 94 f.
Reaganomics 15, 95
Realisierbare Allokation 52–54, 56, 66
Recontracting 59
Regulierungsbehörden 124
Repräsentativer Haushalts 47
Riksbank 90
Roaring twenties 35
Robbins, Lionel 86
Rogernomics 95
Roosevelt, Franklin D. 42
Röpke, Wilhelm 86, 96
Rothbard, Murray 89, 98, 135
Russland 30, 97, 109

Samuels, Warren J. 136
Samuelson, Paul A. 29, 65, 90, 130, 133, 135
Scarf, Herbert 59, 62, 133
Schmidt, Helmut 96
Schocktherapie 97
Schröder, Gerhard 96
Schumpeter, Joseph Alois 11
Schweden 90, 97
Selten, Reinhard 102
Sen, Amartya 78, 137
Shell, Karl 65, 67, 133
Sidgwick, Henry 28
Siemens 124
Simons, Henry 35–37, 39, 81, 83, 95, 131
Skalarprodukt 50
Smith, Adam 11 f., 16–20, 23, 31 f., 89, 94, 99, 101, 129, 134
Smoot-Hawley-Act 36
Sowjetunion 30, 126
Soziale Marktwirtschaft 96
Soziale Netzwerke 125
Sozialismus 30, 39, 93, 134
Spence, Michael 100
Spielmatrix 73
Spieltheorie 14, 71 f., 99, 102, 133 f.
Spitzensteuersatz 92, 96
Staatliches Eigentum 36, 82 f., 124 f.
Staatsausgaben 42 f., 45, 87, 98, 106
Staatsquote 106
Stabilität des Gleichgewichts 59, 62
Stabilitäts- und Wachstumsgesetz 45

Stagflation 46
Standard Oil 83f.
Steuersenkungen 95, 105, 123
Stigler, George 37, 40f., 84, 86, 131
Stiglitz, Joseph E. 7, 74, 99–101, 134, 136f.
Strom 25, 96
Subprime-Krise 104
Summers, Lawrence 97
Surface Freight Forwarder Deregulation Act 95
Swissair 124

Tâtonnement 26, 60, 62f.
Tax me now 125
Technologie 54f., 76
Telekommunikation 82, 96, 124
Thatcher, Margaret 92, 95
Thatcherismus 15, 95
Thiel, Peter 84, 134
Think tanks 87, 98, 103
Thünen, Johann Heinrich von 23
Tinbergen, Jan 90
Topologie 49
Trade Union Act 93
Transaktionskosten 40
Treibhausgase 104
Trittbrettfahrer 75
Trump, Donald 15, 98, 104

Überschussnachfrage 24, 53, 59–62, 65
Unsichtbare Hand 11, 13–16, 33, 57, 99, 103, 123

Vektor 50, 52f.
Vermögen 36, 39, 51, 97, 105–108, 112, 115, 117f., 120, 122, 124–127
Vermögens- und Einkommensungleichheit 105
Vermögenskonzentration 119–122, 125
Vermögensteuer 97, 125, 136
Vermögensungleichheit 108, 110, 115, 117, 120f.
Vermögensunterschiede 115
Vermögenswerte, absolute 107
Verteilungsgerechtigkeit 89
Volker Fund 103
Volkswagen 124
Volkswirtschaftliche Gesamtrechnung 43, 47, 90
von Mises, Ludwig 86, 94
von Neumann, John 71, 132

Wählermehrheit 127
Wald, Abraham 49, 132
Walras, Léon 23, 25
Washington Consensus 98, 104
Weißbuch 96
Weltbank 97f.
Weltkrieg 35, 41, 45, 71, 96, 126
Weltwirtschaftskrise 35, 42, 126
Werbung 36, 83
Wicksteed, Philip Henry 33
Williamson, John 98, 136
Wirecard 124
Wirtschaftswunder 45
Wohlfahrtsökonomik 28, 55, 99f.
World Inequality Database 105, 111
World Inequality Report 105, 125, 137
Worldcom 124
WTO 97

X 83

Zeldin, Lee 104
Zermelo, Ernst 49
Zinssatz 43
Zölle 36, 39, 87
Zündholzmonopol 80
Zunehmende Skalenerträge 81